CALMA TU PINCHE CABEZA

DRA. FAITH G. HARPER
CALMA TU PINCHE CABEZA

Un método provocador para encontrar
de una vez por todas la felicidad superando
el estrés, la ansiedad y todo lo que arruina
tu vida

Traducción de Marta de Bru de Sala i Martí

Obra editada en colaboración con Editorial Planeta – España

Título original: *Unfuck Your Brain*

© Faith Harper, 2017

© por la traducción, Marta de Bru de Sala i Martí, 2023

Fotografía de la autora: Del archivo de la autora
Corrección de estilo a cargo de Harrys Salswach
Composición: Realización Planeta

© 2021, Editorial Planeta, S. A. – Barcelona, España

Derechos reservados

© 2024, Editorial Planeta Mexicana, S.A. de C.V.
Bajo el sello editorial DIANA M.R.
Avenida Presidente Masarik núm. 111,
Piso 2, Polanco V Sección, Miguel Hidalgo
C.P. 11560, Ciudad de México
www.planetadelibros.com.mx

Primera edición impresa en España: enero de 2024
ISBN: 978-84-19812-22-3

Primera edición en formato epub en México: junio de 2024
ISBN: 978-607-39-1492-5

Primera edición impresa en México: junio de 2024
ISBN: 978-607-39-1452-9

Impreso en los talleres de Impregráfica Digital, S.A. de C.V.
Av. Coyoacán 100-D, Valle Norte, Benito Juárez
Ciudad de México, C.P. 03103
Impreso en México – *Printed in Mexico*

ÍNDICE

INTRODUCCIÓN

¿Cómo se nos puede joder el cerebro? Hagamos un repaso.

Ira, depresión, ansiedad, estrés, duelo traumático, consumo de sustancias, patrones de conducta de locos y decisiones amorosas estúpidas.

O como alguien me dijo hace poco... «Sí, lo que viene siendo un martes normal».

Gran parte de los casos que clasificamos como enfermedades mentales en realidad se deben simplemente a un puñado de sustancias químicas cerebrales que están como pinches locas. Y casi siempre por culpa de sucesos vitales estresantes y traumáticos que tuvimos que afrontar.

Antes les echábamos la culpa a nuestros pobres genes de las distintas maneras en que respondíamos ante entornos estresantes y traumáticos. Pero los estudios más recientes demostraron que solo entre el 2 y el 5% de los diagnósticos realmente provienen de un gen defectuoso. Así que sabemos que es muuuuuucho más probable que el origen del problema esté en nuestro entorno y en la manera en cómo nos enfrentamos a él.

Todo esto (la ira, la depresión y el resto) son **estrategias de adaptación**. Si no quieres creer nada de lo que te explicaré en este libro, espero que por lo menos creas la siguiente frase. Esos sentimientos son normales. Estamos programados para autoprotegernos y sobrevivir, y eso es exactamente lo que intenta hacer el cerebro cuando actúa de esa manera tan jodida.

Nuestro comportamiento es nuestra manera de responder ante las chingaderas con las que tenemos que lidiar cada día. El cerebro no solo responde ante los grandes sucesos traumáticos que nos cambian la vida, sino también ante las interacciones y relaciones tóxicas del día a día... ante todas las veces en que los demás nos sacan de quicio, violan nuestros límites y menosprecian nuestra necesidad de seguridad. Es una combinación explosiva de ambas cosas.

Y es ENTONCES cuando esa sensación de estar jodido se convierte en un círculo vicioso. Nos sentimos raros y locos por sentirnos raros y locos. Tenemos la sensación de ser débiles, o de estar rotos, o de ser defectuosos de serie, y *esa* es la mayor sensación de impotencia del mundo. Si creemos que somos defectuosos de serie, significa que no podemos hacer nada para arreglarlo. Así que, ¿por qué molestarnos en intentarlo?

Pero ¿y si comprendieras el origen de todos esos pensamientos y sentimientos? ¿Y si comprendieras de dónde vienen todos los problemas que tienes en la cabeza? ¿Y si pudieras llegar a comprenderte a ti mismo? Eso significaría que tienes ARREGLO.

Esta es una idea importante de a madres. Es mucho más probable que mejoremos si logramos comprender por qué tenemos un problema en concreto que si nos centramos solamente en los síntomas. Si tratamos por ejemplo el estrés, la ansiedad o la depresión sin buscar cuáles son las *causas* de ese estrés, ansiedad y depresión, en realidad no estaremos haciendo todo lo posible para MEJORAR DE VERDAD.

Es como si te saliera un sarpullido (es una analogía asquerosa, lo sé, pero dame un minuto). Se puede tratar el sarpullido en cuestión e incluso conseguir que desaparezca, pero ¿qué crees que ocurrirá si no descubres a qué eres alérgico? Lo más probable es que te sigan saliendo sarpullidos de manera recurrente.

Pues lo mismo ocurre con el cerebro. Si consigues comprender mejor por qué haces lo que haces, te resultará mucho más fácil mejorar. Y no hace falta que te lo expliquen de manera superrebuscada y pretenciosa para que puedas comprenderlo y te resulte útil.

Soy terapeuta y orientadora acreditada con formación en sexología, *coaching* de vida integral y nutrición clínica. También formo parte de la junta de supervisores y doy clases por todo el estado de Texas. Además, soy terapeuta especializada en el trauma, lo cual significa que, además de tratar todas esas cosas, también me encargo del trauma. Y eso tiene dos consecuencias:

CALMA TU PINCHE CABEZA

1. La gente me evita activamente en las fiestas.
2. Mis pacientes parecen recuperarse mejor y mucho más deprisa que los que acuden a mis colegas que no tratan el trauma ni abogan por su comprensión.

No es que me esté dando una palmadita en la espalda. Mis pacientes son los que hacen TODO el pinche trabajo, yo solo los oriento. Me limito a sostener un cartel enorme que dice «¡Corre hacia aquí, Forrest!» en la línea de llegada.

Llevo suficientes décadas en el campo de la salud mental como para que me digan «Carajo, qué vieja eres», y puedo asegurarte que la comprensión que tenemos hoy del trauma es bastante reciente. Hace unos cuantos años trabajé en el primer programa de una ciudad que ofrecía sesiones grupales de recuperación del trauma. En aquellas sesiones grupales, me di cuenta de que cuando los pacientes se centraban en superar sus historias traumáticas en vez de las etiquetas que solemos asociarles (depresión, ansiedad, adicción, etcétera), mejoraban sustancialmente. Desde entonces me he formado en varias modalidades de tratamiento del trauma y he ayudado a distintas agencias y programas a implementar un modelo de tratamiento especializado en este campo.

Actualmente tengo mi propio consultorio privado especializado en relaciones e intimidad. ¿A que no adivinas cuál es el principal problema con el que me encuentro? Historias traumáticas. Siempre consiguen meter sus horribles tentáculos por todas partes. Pero me di cuenta de que cuando explico a mis pacientes lo que ocurre en sus cerebros de manera sencilla, exclaman «¡Carajo! ¡Pues claro, tiene sentido!». Me puse a escribir este libro porque hasta ahora nadie ha recopilado toda esta información y la ha expuesto de manera simple y práctica. Y comprobé en qué medida entender de qué va toda esta situación puede ayudar a los pacientes a mejorar mucho más deprisa.

Puede que lo que voy a decir a continuación no sea muy bueno para el negocio, pero no creo que todo el mundo necesite ir a terapia. Estaría bien que todo el mundo dedicara un tiempo a su bienestar, pero soy de la opinión de que cada uno tiene que encontrar el camino que más le convenga. Algunas personas optan por meditar, otras por hacer deporte, otras tienen un *coach* de vida y otras van a terapia. Y otras personas hacen cosas totalmente distintas. Todo sirve.

Eh... tú a lo tuyo. Hagas lo que hagas, estoy segura de que te irá mucho mejor si comprendes el funcionamiento del cerebro y cuál es el objetivo final de hacer las cosas de manera diferente. Las que sean.

¿A quién va dirigido este libro?

Este libro es para todos los que no paran de preguntar «Pero ¿POR QUÉ?». Para los que cuando eran pequeños sacaban de sus casillas a todos los adultos de su entorno preguntándoles por el funcionamiento del mundo para poder comprender mejor su lugar en él. Y es que saber el *porqué* es una INFORMACIÓN MUY NECESARIA.

Este libro es para todos los que ODIAN que los demás les digan lo que tienen que hacer. Para los que solo quieren las herramientas y la información necesaria para poder decidir cómo proceder *según su propio criterio*. Tal vez optes por intentar arreglar todos tus problemas por tu cuenta o tal vez decidas acudir a un terapeuta que sea un pinche *crack* y que entienda que no debe mangonearte. En cualquier caso, a la hora de la verdad sabrás que estás al mando de tu propia pinche vida y que eres el único responsable de las consecuencias.

Este libro es para todos los que están hasta la madre de oír o pensar que están locos, o que son estúpidos, o vagos, o «demasiado sensibles», o que tienen que «superarlo de una jodida vez». Para todos los que están cansados de sentirse mal, pero que todavía están más cansados de que los demás piensen que les *gusta* estar mal. Como si alguien fuera a elegir sentirse como una mierda por voluntad propia. Que piensen que simplemente te niegas a mejorar. Que te gusta estar en la mierda. Por supuesto que no te gusta, carajo. Pero estás atascado y no tienes ni idea de por qué.

En resumen, este libro te ayudará a entender por qué estás en la mierda para que puedas hacer algo al respecto.

¿Qué encontraré en este libro?

Bueno, está bien. Seguro que estás pensando: «Todo esto está muy bien, doctora pretenciosa. Pero ¿cómo me va a ayudar este libro? ¿Por qué es tan especial y diferente a los otros mil millones de libros de autoayuda que inundan mis libreros? Ahora mismo me siento escéptico de a madres». Bien dicho. Y haces bien en mostrarte escéptico. Mis libreros también están a reventar. De hecho, es probable que haya leído casi todos los libros que también hayas leído tú.

Pero este libro es diferente, en serio.

¿En primer lugar? Te explicaré algunos conceptos científicos. Pero no lo haré de manera compleja, sosa y aburrida de a madres, sino de una manera que te hará decir «No mames, eso tiene todo el sentido del mundo, ¡¿por qué nadie me lo había explicado de esta forma hasta ahora?!». En mi consultorio descubrí que NO HACE FALTA estudiar doce años en la universidad y amasar una deuda estudiantil de 200 000 dólares para entender todas estas situaciones. En general, suelo poder explicar a un paciente lo que necesita saber sobre cómo funciona su cerebro en unos cinco o diez minutos (o un número equivalente de páginas escritas, como es el caso ahora mismo).

¿Y en segundo lugar? A ver, no voy a explicarte todas estas situaciones científicas sobre el cerebro y luego decirte «Sí, es una mierda... vaya chinga estar en tu situación, ¿eh?» antes de irme. Te proporcionaré consejos prácticos y factibles de verdad para que puedas mejorar.

No todo el mundo tiene tiempo para irse de retiro al estilo *Comer, rezar, amar* (no es que esté celosa ni nada, ¿eh?). Casi todos tenemos que levantarnos cada día, lidiar con la vida real y, entretanto, averiguar qué podemos hacer para mejorar. Estar en proceso de recuperación no significa que no tengas que lavar la ropa. Así que enfrentémoslo al estilo «hazlo tú mismo» como los pinches amos que somos. Porque, ¿sabes qué?, esta situación no es un caso perdido. TÚ no eres un caso perdido. PUEDES MEJORAR. Si fueras un paciente y estuvieras en mi consultorio, lucharíamos juntos contra tus demonios hasta derrotarlos por completo. Pero esta es la siguiente mejor opción. Y te prometo que es mierda de la buena.

¿Y en tercer lugar? Voy a repasar todos los tipos de tratamiento disponibles. No estoy en contra de los medicamentos ni de la medicina occidental... PERO sí creo que es una de las muchas opciones de tratamiento que existen. El cuidado holístico se basa en tener en cuenta a *las personas en su totalidad*. Tenemos que idear un plan que funcione para nosotros. Por ejemplo, mi mejor línea de defensa es comer de manera saludable, obligarme a hacer deporte de vez en cuando, tomar suplementos herbales e incluir la acupuntura, la meditación, los masajes y las pedicuras en mi régimen de bienestar. Y estoy dispuesta a luchar a sufrimiento (sí, acabo de hacer una referencia a *La princesa prometida)* para defender que las pedicuras son terapéuticas. En cambio, el régimen de bienestar de mi hijo consiste en jugar futbol, levantar pesas, hacer ejercicios de anclaje, meditar, tener un ambiente escolar muy estructurado, ir a neuroterapia y combinar suplementos con medicamentos occidentales. Cada persona tiene unas necesidades diferentes. No entiendo por qué la lista de mi hijo no incluye las pedicuras.

Así que te proporcionaré información sobre un montón de opciones terapéuticas que tal vez no conocías para que puedas crear tu propio plan de ataque.

Además, a lo largo de este libro encontrarás pequeños ejercicios que te ayudarán durante todo el proceso. No te los tomes como si fueran deberes, no habrá ningún examen final. Pero es importante que dispongas de herramientas para controlar cualquier cosa que pueda ir surgiendo. No quiero que vayas leyendo mi libro por ahí con las entrañas colgando porque la lectura te destrozó, carajo. Si no necesitas los ejercicios, no los hagas. Pero si consideras que te hacen falta, ahí los tienes.

PASA A LA ACCIÓN
Tómate la temperatura

¿Cuántas veces en la vida te diste permiso para sentir lo que sientes? Apuesto a que muy pocas o incluso ninguna.

El objetivo de este libro es resolver todos los problemas que nos impiden vivir la vida que queremos y alcanzar esa sensación de propósito y paz que tanto deseamos. Esas situaciones se llaman sucesos traumáticos. Este libro también va dirigido a aquellas personas que responden de manera muy intensa ante el estrés, la ansiedad, el duelo, la ira, la depresión o los comportamientos adictivos, es decir, ante todas las estrategias de afrontamiento que el cerebro desarrolla para que salgamos adelante con nuestras vidas sin querer ponerles fin.

Y esto puede provocar que la lectura te resulte estresante. Tal vez algunos párrafos se sientan como una patada en el estómago porque aborden una verdad fundamental sobre tu vida y tu experiencia. A tu cerebro no le va a gustar esa sensación. Puede que se ponga en plan «A la mierda todo eso, deja el pinche libro».

Y es que por norma general se nos dice que no debemos tener emociones negativas. Que son malas y que tenemos que evitarlas. También ahondaremos un poco en por qué todo esto no es más que una tontería.

Pero por ahora nos va a resultar muy útil analizar lo que sentimos. Tómate la temperatura, por así decirlo. Y prepara un plan de acción por si te sube demasiado la fiebre. Más adelante encontrarás otros ejercicios que podrás incorporar en tu plan. Pero primero empezaremos con los más sencillos.

Cierra los ojos e intenta percibir lo siguiente:

- ¿Qué ocurre en tu cuerpo?
- ¿Qué estás pensando? (Puede que no se trate de un pensamiento en sí, sino de un recuerdo).
- ¿Qué sientes en respuesta a todo eso? Identifica esas emociones. Ordénalas según su severidad.
- ¿Qué sientes que está ocurriendo ahora mismo en tu cuerpo a nivel físico?
- Y, en serio, ¿qué otras situaciones de tu día a día te están ayudando a afrontar todo esto y cuáles te lo están poniendo todavía más difícil?

Puede que este ejercicio te cueste mucho. La mayoría de la gente no tiene ni idea de cómo se siente. Y no pasa nada. Te educaron para que estés desconectado de tus sentimientos. Te dijeron que lo que sentías estaba mal. Que no tenías permiso para sentirte así.

Así que si no sabes cómo te sientes... acéptalo. Puede que a medida que vayas repitiendo ese ejercicio reconectes de nuevo con tus sentimientos. El hecho de no saber cómo te sientes NO te convierte en un candidato a abandonar este libro de autoayuda. Solo te proporciona más información sobre el punto en el que te encuentras ahora mismo.

El objetivo de este ejercicio es devolverte la capacidad de adueñarte de lo que ocurre en tu interior.

Tienes permiso para sentir lo que sientes.

Aprender a reconectar con la realidad de tu experiencia te ayudará a reunir todos los recursos necesarios para poder seguir adelante. Porque te lo mereces. Deberíamos honrar el pasado, recordarlo y respetar todo lo que nos enseñó. Pero eso no significa que tengamos que seguir viviendo en él. La casa del pasado se está derrumbando, está contaminada y te quedó demasiado pequeña. No apoya tu experiencia presente y no encaja ni de chiste con tus objetivos a futuro.

PRIMERA PARTE
ASÍ ACTÚA TU CEREBRO ANTE EL TRAUMA

1
POR QUÉ SE NOS JODE EL CEREBRO

¿Quieres una respuesta breve? Por el trauma.

Este libro básicamente trata sobre el *trauma* y cómo respondemos ante este, las chingaderas de la vida y la actitud de mierda de otras personas que nos impiden romper con él en esta vida. También trata sobre cómo podemos crear estrategias de afrontamiento para lidiar con todas estas situaciones que los médicos pretenciosos llaman ansiedad, depresión, adicción, ira, etcétera.

Estas estrategias sobre todo forman parte del complicado proceso de respuesta por el que pasa el cerebro después de que ocurre cualquier problema en tu vida. En realidad, el cerebro solo intenta hacer su trabajo, es decir, protegerte tan bien como sabe. Pero a veces acaba siendo un necio y no ayuda una mierda. Es como ese amigo que siempre está dispuesto a partirle la cara a quienquiera que te moleste. Es gratificante, pero a la larga no es muy útil.

Este libro también trata sobre *las chingaderas de la vida en general y las actitudes de mierda de otras personas*. Sobre las situaciones que puede que no sean traumáticas de por sí pero que no nos facilitan en absoluto las cosas. Sobre la manera en que lidiamos con todo lo que no llega a ser un trauma... pero que desde luego no son ni gatitos, ni arcoíris ni peluches. Al igual que ocurre con los traumas, las estrategias de afrontamiento que creamos para ESTAS situaciones tienden a ser menos útiles con el tiempo y sumamente agotadoras.

La buena noticia es que da igual el tiempo que lleves atascado en estas arenas movedizas, porque no cabe duda de que PUEDES reprogramar tus respuestas y calmar tu pinche cabeza.

¿Por qué tengo la cabeza hecha un pinche lío?

Tenemos la tendencia a separar la salud mental de la física. Como si no se afectaran la una a la otra en un *pinche bucle de retroalimentación continua* ni nada.

Todo lo que aprendemos sobre el cerebro en sí suele entrar en la categoría de «salud física». En cambio, los pensamientos, los sentimientos y los comportamientos suelen formar parte de la categoría de «salud mental».

Entonces, ¿en qué parte del cuerpo está todo este pensar y sentir? Nuestra mente parece una especie de globo de helio que siempre flota por encima de nuestra cabeza. Puede que lo tengamos atado con un hilo, pero en realidad no forma parte de nosotros (a pesar de que todo lo que hace sigue siendo responsabilidad nuestra). Esa imagen incorpórea de la mente no es muy útil. De hecho, no tiene ningún sentido. Esto es lo que realmente sabemos de la mente: hasta cierto punto habita en el intestino. En esta parte del cuerpo residen unos microorganismos únicos que mantienen una comunicación tan constante con el cerebro (a través del eje intestino-cerebro... un concepto bien real) que hemos acabado refiriéndonos a esa zona como «el segundo cerebro». Uno que tiene un papel muy importante a la hora de guiar nuestras emociones. ¿Alguna vez tuviste una reacción visceral? Sí, es un hecho real.

Eso significa que nuestra mente, en vez de ser una entidad que apenas está atada a nosotros y no para de meternos en problemas, en realidad se encuentra en las profundidades de la parte de en medio de nuestros cuerpos y actúa como centro de control, ya que procesa un montón de información y toma decisiones incluso antes de que nos demos cuenta de que tenemos que tomarlas.

Nuestros pensamientos, sentimientos y comportamientos provienen de AQUÍ. Están profundamente arraigados a nuestros cuerpos físicos y a la percepción que tiene el cerebro del mundo que nos rodea con base en experiencias pasadas y en la información que tiene del momento presente. Así que si dijéramos que es IMPORTANTÍSIMO saber lo que ocurre en el cerebro y comprender cómo funciona, nos estaríamos quedando cortos. Y en cuanto lo entendamos, veremos que nuestra manera de interactuar con el mundo que nos rodea es por completo normal, teniendo en cuenta cómo funciona el cerebro y nuestras experiencias pasadas. Si todo va bien y el aterrizaje es suave, significa que no hay ningún problema. Pero ¿qué pasa si aterrizamos con brusquedad? Cuando el cerebro no cumple con su papel de torre de control y no gestiona todas esas situaciones como es debido, empezamos a ver las siguientes consecuencias:

- Hacemos locuras.
- Evitamos las cosas importantes con las que tendríamos que lidiar.
- Estamos siempre enojados.
- Nos comportamos como unos cabrones con las personas que nos importan.
- Nos metemos mierdas en el cuerpo que sabemos que no nos hacen ningún bien.
- Hacemos tonterías aun sabiendo que son estúpidas, destructivas y que no tienen ningún sentido.

Nada de todo eso nos ayuda mucho. Pero tiene sentido que ocurra.

A lo largo de la vida nos suceden cosas horribles. Y el cerebro almacena toda la información sobre esas cosas horribles para evitar que vuelvan a ocurrirnos en un futuro. Entonces se adapta a las circunstancias de tu vida y hace todo lo posible para protegerte, bendito sea. A veces estas respuestas pueden resultar muy útiles. Pero otras acaban convirtiéndose en un problema incluso mayor que el original. Tu cerebro no está INTENTANDO joderte (a pesar de que a veces no cabe duda de que lo hace).

¿Puede ser que nos ocurra lo mismo aunque no estemos lidiando con ningún trauma en concreto? Las estrategias de afrontamiento adaptativas, los malos hábitos y los comportamientos de mierda se programan en el cerebro de manera similar. Los estudios demostraron que estos problemas en realidad son los más sencillos de tratar con terapia... siempre y cuando abordemos la raíz y no solo los síntomas.

Descubrí que una de las cosas más útiles que hago como terapeuta es explicar lo que ocurre dentro del cerebro y cómo diseñamos las sesiones de terapia para reprogramar las respuestas que exhibimos ante ciertas situaciones.

Los métodos que utilizamos en terapia (y los métodos y habilidades que la gente puede llegar a descubrir por su cuenta) están diseñados para reprogramar el cerebro de manera que pueda procesar información sin que eso desencadene una reacción exagerada de a madres. Esas reacciones exageradas son el mecanismo que tiene el cerebro para adaptarse y protegernos cuando percibe que una situación puede ser una amenaza... y lo lleva a cabo con la intención de que nos preparemos para hacer lo que sea necesario para mantenernos con vida. Modo lucha del cerebro ACTIVADO. Incluso aunque el supuesto enemigo sea una persona cualquiera con la que te cruzaste en una librería y que ni siquiera sabe que acaba de desencadenarte una respuesta al trauma. Si retomamos el control del cerebro podremos responder ante esas amenazas percibidas de la manera más segura y racional posible.

Deja que te explique a qué me refiero.

Introducción al cerebro

Seguramente esta sección del libro será la que más te costará entender porque el cerebro es complicado de a madres. Pero solo te hablaré de cosas difíciles cuando sea absolutamente necesario para poder explicarte todo lo que quieres saber sobre lo que ocurre en el cerebro. Así que ten un poco de paciencia, lo haremos entre los dos.

La corteza prefrontal (a la que llamaremos PFC, por sus siglas en inglés), básicamente la parte frontal de tu cerebro, es la parte encargada de la *función ejecutiva,* que incluye la resolución de problemas, los comportamientos para alcanzar objetivos y la gestión de las interacciones sociales según las expectativas de lo que se considera «apropiado». En lo fundamental, la función ejecutiva consiste en pensar.

Se encuentra más o menos detrás de la frente (tiene sentido por el nombre, ¿no?). Es la parte del cerebro que ha evolucionado más recientemente, la que nos hace tan diferentes a otras especies. Es la parte del cerebro encargada de recibir información del mundo y controlar los pensamientos y las acciones de manera acorde.

La corteza prefrontal es también la parte del cerebro que tarda más en desarrollarse cuando crecemos. No alcanza su máximo apogeo hasta los veintitantos años. Eso no significa que los niños, adolescentes y jóvenes no tengan corteza prefrontal. Y desde luego no significa que tengamos carta blanca para hacer estupideces durante las primeras décadas de nuestra vida. Pero sí significa que nuestras conexiones neuronales van creando redes de comunicación cada vez más nuevas y complejas (nuevas vías de comunicación) a medida que nos hacemos mayores y nos volvemos más sabios. Y, si todo va bien, la PFC va funcionando cada vez mejor, una de las claras ventajas de envejecer.

Quédate con eso de «si todo va bien».

Así pues, la corteza prefrontal es la parte del cerebro que teóricamente está al mando.

Por lo tanto, es comprensible que la corteza cerebral esté muy conectada con el resto del cerebro. La parte ventral (que viene a ser la parte trasera de la PFC... vaya, el culo de la PFC, por así decirlo) está conectada directamente con una zona del cerebro distinta por completo... la parte que almacena las emociones (enseguida te contaré más sobre esta metida de pata). Además, toda la PFC recibe información sobre los niveles de excitación del tallo cerebral (no te preocupes, después te contaré más sobre este tema también).

Así que cualquier información que reciba la PFC de estas otras partes del cerebro afecta esa región pensante. La PFC tiene un área llamada corteza cingulada anterior. El trabajo de esta área es controlar el diálogo entre la PFC (la parte pensante del cerebro) y el sistema límbico (la parte sentimental del cerebro). La corteza cingular anterior está al mando de la conversación que se produce en nuestro cerebro entre lo que sabemos y lo que sentimos... y luego nos sugiere qué podríamos hacer con todo este lío.

Todas las conexiones que tenemos en esta zona son RARAS de a madres. Las células de esta parte del cerebro se llaman neuronas en huso... son como supermodelos, altas y de piernas largas, no como las demás neuronas que abundan por todas partes, bajas y con piernas frondosas. Esas malditas sí que saben dar una buena patada en el trasero. Tienen la capacidad de enviar señales mucho más deprisa que el resto de las neuronas, por eso la respuesta emocional nos afecta tanto como si nos inyectáramos algo.

¿Por qué tenemos ese tipo de neuronas y por qué están precisamente ahí? Solo los humanos y los grandes simios tenemos neuronas en huso. Muchos científicos creen que es en parte gracias a ellas que evolucionamos hasta llegar a un nivel de cognición superior.

Para poder pensar más, tenemos que sentir más. Y luego tener en cuenta ambas cosas a la hora de tomar decisiones. Las emociones son tan importantes para nuestra supervivencia como los pensamientos. ¿Ves perfectamente hacia dónde voy con eso?

La amígdala de la chingada

Bueno, ¿te acuerdas de esa parte que mencioné que está situada más o menos en medio del cerebro? ¿La parte que está conectada con el culo de la PFC? Pues se trata del sistema límbico. Esta parte está un poco enterrada entre los pliegues del cerebro, detrás de la PFC. Si la PFC está al cargo de los pensamientos, el sistema límbico está a cargo de las emociones. Y las emociones influyen mucho en cómo almacenamos los recuerdos.

La amígdala y el hipocampo son dos partes clave del sistema límbico. Casi todo lo que sabemos sobre los efectos del trauma en el cerebro está relacionado con estudios sobre la amígdala. El trabajo de la amígdala consiste en conectar los recuerdos con emociones. Eso es. Aunque, para ser más específicos, se descubrió que la amígdala no almacena todos los recuerdos, sino solo algunos en *concreto*. A la amígdala le importa una mierda dónde hayas dejado las llaves del coche. La función de la amígdala es controlar la *memoria episódica autobiográfica* (EAM, por sus siglas en inglés). Fundamentalmente almacena todo el conocimiento basado en los sucesos que vivimos. Momentos, lugares y personas. La amígdala no recuerda la receta del pudín de plátano de tu tía abuela, sino las historias sobre el mundo y su funcionamiento. *Los problemas que te ocurren.*

¿Y eso por qué chingados es importante? Los recuerdos episódicos que se almacenan en el hipocampo son nuestras historias, nuestras interpretaciones de unos hechos vinculados a nuestra respuesta emocional. Y estos recuerdos están conectados a reacciones emocionales importantes. Cuando nos ocurre alguna cosa en la vida que para nosotros es muy significativa, las emociones vinculadas a ese recuerdo se le enganchan como si fueran pelos de gato o electricidad estática. De esta manera, cuando en un futuro tengamos una respuesta emocional, la amígdala enseguida consultará el archivo de la EAM para decidir cómo responder.

Lo que se activa a la vez queda vinculado.

Digamos que alguien te regala un ramo de flores. Las flores son geniales, ¿verdad? Claro... siempre y cuando los recuerdos anteriores que tengas asociados con recibir ramos de flores sean felices. Puede que una vez tu pareja te diera un ramo de flores y te pidiera matrimonio. Si este es el caso, cada vez que en un futuro te den un ramo de flores, veas uno o pases junto a un camión repartidor de ramos de flores, ¿qué sentirás? Una sensación agradable.

Pero ahora imagina que te hubieran dado un ramo de flores después de la muerte de un ser querido... una muerte horrible y repentina. Que alguna persona bienintencionada, sabiendo que estabas en duelo, hubiera decidido mandarte un ramo de flores. Seguramente solo con notar el aroma de las flores se te revolvería el estómago.

La amígdala ha convertido el recuerdo de un ramo de flores en una verdadera *regla mnemotécnica* para ciertas emociones. Una regla mnemotécnica como SALI-GEP para recordar los siete pecados capitales u «Hoy BEnito SaCó el TÍtulo de Vago CRomático MieNtras FElipe

COmía NÍsperos CUbiertos de ZaNahorias. Barcelona Con Navarra Ofrece Fresas HEladas» para recordar el primer elemento químico de cada columna de la tabla periódica de los elementos. Estos trucos se me quedaron grabados en la cabeza desde la escuela primaria.

El trabajo de la amígdala es asegurarse de que no te olvides de las cosas realmente importantes. Y recordar las cosas importantes buenas es asombroso. Nadie se queja de los buenos recuerdos. En cambio, recordar de manera recurrente cosas importantes malas puede ser una gran chinga.

Es una mierda porque a la amígdala no se le da muy bien diferenciar entre los dos tipos, sobre todo cuando está intentando protegerte. Te obliga a tragarte eso del SALIGEP para que relaciones los ramos de flores con la muerte. Y entonces un día de primavera irás paseando por la calle y olerás las flores que están floreciendo en el jardín de tu vecino. De repente, tendrás la sensación de que pierdes la pinche cabeza, porque a pesar de que tu cuerpo seguirá estando en el jardín de tu vecino, tu cerebro se habrá transportado al funeral de tu ser querido.

Luchar, huir o bloquearse... ¡es el tallo cerebral!

Y esto nos lleva a la parte final de la charla sobre el cerebro en la que hablaremos de una última parte de este órgano... el tallo cerebral.

El tallo cerebral se encuentra en la base del cerebro (tiene sentido, ¿no?). Es la primera parte del cerebro en formarse y está pegada a las vértebras del cuello y la espalda. A ver, todos sabemos que el cerebro parece un montón de espaguetis pasados, ¿verdad? Pues el tallo cerebral sería la parte del cerebro que está un poco desenredada del resto de los espaguetis, más estirada, y que acaba transformándose en la médula espinal.

El tallo cerebral es nuestra herramienta de supervivencia fundamental. Mientras que los músculos cardiacos regulan necesidades básicas como *inhalar y exhalar* y que *el corazón haga pum, pum, pum* durante todo el día, el tallo cerebral es el encargado de controlar el ritmo, la velocidad y la intensidad. Es por eso que la respiración y el latido del corazón pueden acelerarse con un ataque de pánico, por ejemplo. Porque PRESTAATENCIÓNPUEDEQUENOSESTEMOSMURIENDOCARAJO. Ya sabes, cosas importantes.

¿Estar alerta, ser consciente y prestar atención a lo que te rodea? De eso se ocupa el tallo cerebral.

Así que cuando el tallo cerebral dice «AU, AU, AU, HIJO DE LA CHINGADA» o «¡Peligro, Will Robinson, peligro!», en realidad lo que está haciendo es inundar la corteza prefrontal con un montón de sustancias químicas que cambian la manera de funcionar de la PFC.

Puede que el tallo cerebral sea una zorra básica, pero sin duda está al mando de un montón de cosas.

Cuando detecta peligro, la corteza prefrontal responde LUCHANDO, HUYENDO o BLOQUEÁNDOSE.

Luchar es DALE UNA PALIZA ANTES DE QUE TE LA DÉ A TI.

Huir es VETE DE AQUÍ LO MÁS RÁPIDO QUE PUEDAS, NO ES SEGURO.

Y bloquearse es SI TE HACES EL MUERTO Y NO MUEVES NI UN MÚSCULO, TAL VEZ SE ACABE TODO.

No me malinterpretes... estas tres respuestas son herramientas de supervivencia imprescindibles cuando nos enfrentamos a algún peligro. Son *importantes de a madres* para nuestra supervivencia. Todo este proceso es nuestro sistema de radiodifusión de emergencia en el que se oye un montón de pitidos electrónicos de fondo.

La corteza prefrontal asimila información externa. En cambio, la amígdala dice ¡EH, YO ESO LO RECUERDO! ¡LA ÚLTIMA VEZ QUE OCURRIÓ ME DOLIÓ! ¡EL DOLOR ES UNA MIERDA! Y entonces el tallo cerebral le dice a la corteza prefrontal ¡SAL ENSEGUIDA DE ESTA MIERDA DE SITUACIÓN! ¡NO NOS GUSTA SUFRIR DOLOR!

Así que nosotros respondemos con un «Adiós, situación amenazante, ¡me voy!». O nos enfrentamos a ella. O nos bloqueamos y nos hacemos los muertos y esperamos a que la situación termine. Podemos sentirnos amenazados por todo tipo de cosas... por ejemplo, un examen final o una mierda de fecha de entrega en el trabajo. Pero ese tipo de situaciones no requieren que respondamos en plan NO MAMES, ME VA A COMER UN DINOSAURIO. La cosa es que el tallo cerebral evolucionó para impedir que fuéramos la merienda de un dinosaurio, NO para lidiar con una retención de tráfico de mierda o con personas que nos golpean los talones

CALMA TU PINCHE CABEZA

del pie con sus carritos de compras en el supermercado (aunque se podría decir que esas personas pueden llegar a ser incluso más cabronas que un dinosaurio hambriento).

¿Y si lo juntamos todo? El cerebro narrador

Creo que hasta cierto punto todo el mundo entiende esta idea. Me refiero a que los seres humanos somos narradores. Pero solo hasta cierto punto. Porque no hablamos mucho del hecho de que esto es una función evolutiva en sí misma. En parte, porque se trata de estudios muy recientes, y también porque cuando te paras a pensarlo resulta un poco extraño.

No contamos historias solo porque queramos... sino porque TENEMOS que hacerlo. Es un impulso humano biológico. De hecho, estamos tan programados para contar historias que incluso lo hacemos mientras estamos dormidos. Es por eso que soñamos.

El cerebro tiene una configuración por defecto. Básicamente todo tiene una configuración por defecto, ¿no? Una especie de estado de reposo. Por ejemplo, cuando un interruptor está apagado se encuentra en su configuración por defecto. Y cuando encendemos la luz, lo activamos.

Cuando el cerebro se activa, lo hace para concentrarse en algún tipo de información externa. Un problema que resolver, alguien a quien atender, algo que tenemos que hacer que nos exija estar centrados y concentrados de manera consciente. De lo contrario, el cerebro se queda en su configuración por defecto. Despierto y alerta, pero generalmente en reposo.

Los investigadores lograron cartografiar el cerebro cuando está en su configuración por defecto... y esta es la parte realmente interesante. El cerebro en su configuración por defecto es un narrador.

Cuando el cerebro está en reposo, se pone a contar historias. Seguramente en algún momento te ocurrió. Por ejemplo, manejando de camino a casa sin tener que estar atento a nada porque conoces la ruta tan bien que no tienes que prestarle atención. Modo narrador ACTIVADO. Empiezas a contarte una historia sobre lo que cocinarás para cenar, o sobre qué canal de televisión verás o sobre los recados que tienes que hacer. Pero esas conversaciones internas no son listas de cosas por hacer... son más bien escenificaciones de tus planes dentro de tu cabeza.

Tener un cerebro narrador es casi siempre una pinche maravilla.

- Las historias son como un ensayo para la vida real, así que nos resultan útiles de a madres cuando queremos poner a prueba una nueva habilidad.
- Las historias son el método que nos permite retener más información. La PFC está diseñada para retener unas siete unidades de información (más o menos dos). Cuando intentamos aumentar este número, empezamos a perder información por

otro lado. Las historias, sin embargo, nos ayudan a retener muchísima más información porque crean vías que nos permiten recordar muchas más cosas que con cualquier otro método.

- Las historias son la manera más primaria que tenemos de comunicarnos con los demás. Según el investigador Lewis Mehl-Madrona, médico y doctor, las historias son las vías neuronales de nuestro cerebro colectivo y cultural. No se trata tan solo de cómo retenemos información en nuestro interior, sino de cómo la compartimos con el exterior.

Pero es evidente que el cerebro narrador también tiene el potencial de convertirse en un problema serio de a madres. Porque puede que empecemos a contarnos (y a creernos) ciertas historias sobre nosotros mismos y el mundo que nos rodea. El cerebro está programado para ansiar la certidumbre. QUEREMOS ver patrones en lo que sucede para poder tomar mejores decisiones sobre el mundo y lo que se supone que tenemos que hacer para mantenernos a salvo. El cerebro es necio como una mula y ya ha armado su historia sobre la verdad del mundo.

Seguro sabes de lo que hablo. ¿Conoces a esa persona que por mucho que le presentes numerosas pruebas de que está equivocada se empeña por sus huevos en seguir en el error? Es por eso que las elecciones pueden llegar a ser una locura de cuidado. Y es por eso que la gente pierde auténticas fortunas en el casino. En estos casos, el cerebro emocional toma la decisión por nosotros, y al cerebro pensante le toca arreglárselas para encontrar algún motivo que la justifique. El cerebro es capaz de racionalizar cualquier mierda.

Sí, el cerebro se puede reeducar

El cerebro es un cabrón superadaptable, pero te prometo que se puede reeducar. ¿No me crees? Bueno, en primer lugar, deberías. Soy una médica pretenciosa. Pero si eres uno de los que dice «A la mierda los títulos, ¡quiero pruebas!», métete en YouTube y busca «Hermanos Lumière, la llegada del tren». Es un video de cuarenta y cinco segundos. Aquí te espero.

Imagínate la escena: París, 1895. Esos hermanos fueron unos pioneros de la fotografía y presentaron la primera «imagen en movimiento» al público en una exposición artística. Estaban muy emocionados con su proyecto... pero no recibieron la respuesta que esperaban. La gente que fue a verlo perdió el control, gritó aterrorizada y se escondió debajo de sus asientos. En serio, todos y cada uno de ellos.

Los cerebros de los espectadores percibieron la información y gritaron «¡ESTÁ A PUNTO DE ATROPELLARTE UN PINCHE TREN, SAL DE LA VÍA!».

Porque sí, los trenes eran peligrosos y hasta aquel momento no existía una imagen en movimiento de ningún tren. Así que sus cerebros percibieron aquel tren como una realidad en vez de una película.

Cuando viste el video, ¿tu cerebro se asustó? Por supuesto que no. Tú sí que sabes lo que es una película. Tus mecanismos neuronales fueron entrenados para comprender que hay representaciones de trenes y, luego, trenes reales.

Y ahora tu cerebro tiene que aprender a diferenciar entre el peligro real y el peligro percibido. Recuerda que a todos los cerebros les cuesta diferenciar entre ambos tipos de peligros, sobre todo cuando es cuestión de supervivencia. Igual que los niños que llaman «perritos» a todos los animales hasta que aprenden que también hay «caballitos», «gatitos», «llamas» y «tiburones blancos». Sus cerebros van por ahí gritando «PERRITO, PERRITO, PERRITO» todo el pinche rato.

Es decir, que tu cerebro asume que hay peligro hasta que se convence de lo contrario. Ahora mismo la amígdala no confía en la interpretación de la PFC. En cuanto la PFC se pone a pensar «hmmm, ¿es un animal?», la amígdala le quita las riendas al grito de «PERRITOOOOOO».

Creo que mezclé muchas metáforas. Lo siento. ¿Quieres la versión más sencilla? Tenemos que conseguir que la PFC vuelva a llevar las riendas de tu cerebro. Tenemos que convencer a la PFC y a la amígdala de que se den un abrazo y dejen que cada una haga su trabajo, cosa que significa que tienen que trabajar JUNTAS, carajo.

Es oficial: NO ESTÁS LOCO (te lo dice una doctora)

Sí, tuviste que leer muchas situaciones sobre el cerebro, pero son importantes. Porque eso significa que lo que hacemos, pensamos y sentimos *tiene pinche sentido.* Tanto si te pones a la defensiva como en modo combativo, tanto si haces locuras como si te desconectas por completo y entras en un estado disociativo, no te preocupes, es solo la respuesta de tu cerebro cuando entra en modo supervivencia. El problema viene cuando esto ocurre en situaciones que en realidad no son ninguna emergencia potencialmente fatal. En estos casos, significa que la amígdala tomó las riendas de tu capacidad para lidiar con las situaciones de manera racional mediante la corteza prefrontal.

Y una vez que ocurre eso no puedes ponerte en plan «Ey, vamos a analizar esta situación, a mantener una conversación racional y a determinar cómo queremos responder según lo que creamos que nos beneficiará más a largo plazo». En cuanto tu amígdala grita «¡AGÁCHATE Y CÚBRETE!» todas tus respuestas racionales se van a la mierda.

La idea de agacharse y cubrirse no tiene nada de malo. De hecho, es lo que debemos hacer cuando oímos disparos o una alarma de tornado. Si ponemos la mano sobre un fogón sin querer, necesitamos que la amígdala se anteponga a la función ejecutiva. De lo contrario nos quemaríamos la mano intentando deconstruir intelectualmente lo ocurrido mientras la amígdala y el tallo cerebral estarían chillando y gritando de fondo.

41

Esto no es una obra cinematográfica experimental posmoderna. Esto es la VIDA real. Queremos un cerebro cuyo trabajo sea mantenernos con vida, ¿a que sí? No solo recordar la combinación del casillero de quinto de primaria ni toda la letra de la canción «Shake It Off», de Taylor Swift, por el amor de Dios.

Pero en el proceso también nos protege de todo lo que PERCIBE como peligro, no solo de los peligros REALES. Nuestra capacidad de diferenciar entre el peligro real y el peligro percibido es un sistema imperfecto. El cerebro siempre pecará de prudente, incluso aunque eso signifique apagarse cuando en realidad no hace falta.

Supongamos que estás intentando hacer las compras, pero al pasar por la sección de jardinería tu cerebro se pone en plan «¡FLORES! ¡SALIGEP! ¡ABORTAR MISIÓN!». Y de repente te encuentras en pleno ataque de pánico intentando salir de la tienda antes de desmayarte. Y encima sin haber podido hacer las pinches compras para preparar la cenar.

Tal vez te pongas en plan «Carajo, yo, que solo era la sección de jardinería. No eran más que claveles y rosas. Nadie murió, y encima ahora tendré que volver a comer fideos instantáneos». O puede que tal vez ni siquiera estés seguro de por qué hiciste tal locura y pienses «Carajo, yo, ¿en serio tienes que comportarte en plan cincuenta sombras de estar como una pinche loca?».

¿Esa parte racional?, ¿la que dice «solo son claveles y rosas, cálmate de una pinche vez»? Eso requiere saber *discriminar estímulos*.

Ya sabes. *Tener la capacidad de decidir si algo es realmente un problema o no.*

La discriminación de estímulos es una parte racional, no emocional, lo que significa que se produce en la corteza prefrontal, pero cuando el tallo cerebral se pone en modo perder la cabeza, es muy difícil conseguir que la corteza prefrontal vuelva a activarse. Aunque se puede lograr. Y vamos a hablar sobre cómo podemos reeducar el cerebro para que responda de una manera que se adecúe más a *como es la vida ahora* en vez de *como era la vida antes*.

Nuestra discriminación de estímulos está basada en todos nuestros hábitos y experiencias pasadas, y cuanto más traumáticas hayan sido estas experiencias, más arraigadas estarán. Si se vincula un estímulo a un recuerdo intenso, el cuerpo empieza a liberar hormonas y sustancias químicas para prepararse a responder. En realidad, el cerebro no produce muchos pensamientos nuevos, sino que más bien mezcla y reconfigura viejos pensamientos.

Es por eso que un veterano del ejército puede asustarse al ver un montón de basura junto a la carretera después de haber estado en Irak y manejar por zonas repletas de artefactos explosivos improvisados.

Es por eso que una persona que sufrió abuso puede asustarse al oler cierto aroma que asocia con su abusador.

El cerebro conoce su historia y fue entrenado en hacer todo lo posible para mantenerse a salvo. Se dedica a crear historias sobre tu experiencia presente o las experiencias que quizá podrías tener en un futuro basándose en información sobre su pasado. No se da cuenta o no confía en que estés REALMENTE a salvo.

PASA A LA ACCIÓN
No solo Django está desencadenado

En internet no paramos de soltar la palabra «desencadenante» como si fuera confeti o algo así. Pero cuando hablamos de un desencadenante en este contexto, nos referimos a *la parte de la causa* en una situación de tipo causa y efecto.

A veces sabemos de entrada cuáles van a ser nuestros desencadenantes. Por ejemplo, puede ser que en tu caso el diablillo hijo de la chingada que llevas pegado en la espalda sea la ansiedad, y que sepas que una primera cita, hablar en público o reunirte con tu jefe puede descontrolarla. O que si haces un viaje por carretera y no encuentras ni un área de servicio con baños decentes, te volverás loco (¿por qué no hay una aplicación para esto? Es un problema muy REAL).

Pero ¿otras veces? Puede que no tengamos ni idea de por qué respondemos así. Al igual que con todos los demás problemas de salud mental, puede que tengamos una predisposición genética a ciertas respuestas y que sean el producto del entorno en el que crecimos o en el que vivimos actualmente. Y eso puede provocar que nos resulte más difícil averiguar cuáles son nuestros desencadenantes específicos.

La próxima vez que empieces a notar que estás a punto de entrar en modo incontrolable plantéate las siguientes preguntas. Y después, cuando hayas conseguido calmarte, pon las respuestas por escrito.

- ¿Qué emoción concreta estás sintiendo?
- En una escala del 0-100%, ¿qué calificación le darías a esta emoción?

- ¿Qué síntomas específicos estás sintiendo (cuál es tu *respuesta* emocional)?
- ¿Qué estaba pasando cuando perdiste el control? Escribe todo lo que estaba sucediendo, por muy mundano que te parezca. Porque solo cuando detectes patrones que se repiten, conseguirás averiguar cuáles son tus desencadenantes.

Otro método es llevar un diario de seguimiento de tu estado de ánimo, ya sea digital mediante una aplicación o a la vieja usanza con papel y pluma. Sé que suena a un montón de trabajo, pero de verdad que puede ayudarte a averiguar cuáles son tus desencadenantes hasta que te acostumbres y puedas hacerlo dentro de tu mente a lo largo del día. Aquí tienes una guía rápida sobre cómo crear un diario del estado de ánimo:

ESTADO DE ÁNIMO SEMANAL ¿Estoy de mal humor... o es que eres lo peor?				
	Estado de ánimo	Situación	Magnitud (0-100)	Síntomas
LUNES				
MARTES				
MIÉRCOLES				
JUEVES				
VIERNES				
SÁBADO				
DOMINGO				

2
CÓMO EL TRAUMA REPROGRAMA EL CEREBRO

Está bien, señora, ¿a qué chingados se refiere cuando habla de trauma?

Un *trauma* es un suceso que ocurre de manera contraria a nuestra comprensión de cómo debería funcionar el mundo. Una *respuesta traumática* es cuando nuestra habilidad para lidiar con lo ocurrido se va a la mierda y afecta otras áreas de nuestra vida.

Hay muchas cosas que pueden actuar como un trauma. Para serte sincera, hay un montón de cosas que resultan profundamente traumáticas para muchas personas, pero no se contemplan en los manuales de diagnóstico. Es de lo que más me enfurece, porque eso acaba derivando en que la gente se siente avergonzada porque su trauma no es lo bastante traumático como para merecer atención. Y eso es una mierda del tamaño de un piano. Porque, si dejamos de lado las definiciones y las palabras pretenciosas, un trauma es una situación en la que piensas «¿Pero qué chingados fue eso?».

Un trauma puede ser un accidente, una lesión, una enfermedad grave, una pérdida... *o cualquier tipo de suceso vital que para ti sea como una patada en el estómago.* Pero ¿al fin y al cabo? Cada persona experimenta el trauma de manera diferente y queda afectada por demasiadas cosas como para enumerarlas. Crear listas en las que solo se incluyen las grandes categorías «diagnosticables» provoca que se ignoren otras experiencias que no deberían ser ignoradas.

Se estima que aproximadamente la mitad de la población de Estados Unidos experimentará un trauma diagnosticable, aunque algunos estudios más recientes aseguran que es más bien el 75%. Y alrededor de 7 u 8 personas de cada 100 sufrirán un trastorno por estrés postraumático. *Y eso es solo teniendo en cuenta los traumas diagnosticables.* Las «normas» oficiales para diagnosticar una reacción traumática son bastante limitadas, por lo que, en mi opinión, el porcentaje es muy superior al 8 por ciento.

Por ejemplo, haber sufrido abuso infantil es un trauma que todos reconocemos. Pero haber sido objeto de un acoso escolar brutal no se considera necesariamente como trauma... a pesar de que muchas personas se hayan quitado la vida por ello. Así que nada de listas. Porque el trauma no entiende sobre marcar la casilla correcta. Y entonces, ¿qué podemos hacer? Por favor, créeme cuando te digo que *tus experiencias y reacciones son válidas y reales y mereces atención y tener la oportunidad de sanar.*

Porque la verdad es que no sabemos por qué hay cosas que sientan peor a unas personas que a otras. Sé que es una idea rara de a madres, pero *cada persona es diferente*. *La vida, las historias y las experiencias* de cada persona son diferentes. Nuestra *predisposición genética* también es diferente.

Y ojo al dato: ahora sabemos que el trauma puede incluso llegar a producir modificaciones genéticas que pueden transmitirse durante generaciones. Si tienes bisabuelos, abuelos o padres con un historial de trauma grave, significa que estás programado para responder de manera diferente a alguien cuyos familiares no hayan sufrido muchos dramas a lo largo de sus vidas. Así que no es solo que nuestros genes afecten nuestra reacción al trauma, sino que nuestra reacción al trauma afecta también nuestros genes.

¿En serio, cerebro? ¿Por qué no te vas un poquito a la mierda?

Y en cuanto al plano físico, respuesta traumática = la amígdala toma las riendas.

Dentro de las respuestas de la amígdala existen diferentes niveles de intensidad. A veces no entramos de lleno en modo trauma, pero sí percibimos hábitos y patrones extraños en nuestra manera de pensar y de comportarnos. Puede que no te pongas en modo perder la cabeza a tope; pero, NO MAMES, estás invirtiendo mucha más energía de la que deberías en controlarte. Y a nadie le sobra tiempo como para ir perdiéndolo en hacer un esfuerzo continuo durante años para no estallar.

¿Quieres la versión corta? Todos tenemos nuestros puntos frágiles y somos susceptibles. Pero, por algún motivo, a veces aguantamos y a veces nos comportamos de manera irracional. ¿Y eso por qué?

Cómo nuestro cerebro gestiona el trauma

¿Conoces esas cosas tan graves que pueden ocurrirnos? ¿Todo eso que nos parece espantoso? Pues puede que esos sucesos terribles no siempre nos provoquen una respuesta traumática a largo plazo.

Cuando experimentamos un trauma, aproximadamente dos de cada tres veces el cerebro no entra en modo necio. Eso significa que, tarde o temprano, *casi siempre* acabamos encontrando la manera de asimilar el trauma y recuperarnos sin sufrir ninguna consecuencia grave a largo plazo. Pero eso no quiere decir que no hayas tenido que lidiar con una situación desagradable de proporciones épicas. Solo significa que fuiste capaz de abrirte camino a través de esa experiencia sin que la amígdala tome las riendas de tu cerebro a largo plazo.

En un mundo ideal, no nos ocurriría nunca nada malo. Ja, ja, ja, claro. Buena suerte a todos los que quieran intentarlo. Pero el segundo mejor escenario posible es que, cuando, ocurra algo malo, nos agachemos y nos protejamos para salir ilesos. Y, sinceramente, es lo que acabamos haciendo casi siempre. Echa la vista atrás y piensa en todos los problemas con los que tuviste que lidiar en tu vida, pero que no provocaron que tu cerebro actúe como un loco de cuidado a largo plazo. Aun así, seguramente no fue una recuperación inmediata y perfecta, ¿verdad?

En la mayoría de los casos, *se tardan unos tres meses en restablecer la estabilidad después de un trauma*. Es decir, que tras unos noventa días nuestros sensores emocionales dejan de funcionar a toda velocidad y vuelven a la normalidad.

Utilizar la palabra *normalidad* es una estupidez, por supuesto. En realidad nunca vuelves a la normalidad, por muy bien que te recuperes. El trauma nos cambia para siempre. Así que eso que llamamos normalidad en realidad se trata más bien de *una nueva normalidad*. Sin embargo, acabamos encontrando la manera de vivir y lidiar con lo que nos haya ocurrido, con la pérdida del mundo anterior y con la aceptación del mundo actual. Aun así, lo ocurrido podría despertarnos unos sentimientos que puede que nunca acaben de desaparecer del todo. Pero la amígdala no se vuelve loca por la situación hasta el cabo de unos cuantos meses. Modo tomar las riendas desactivado.

Sin embargo, aproximadamente un tercio de las veces no conseguimos recobrar una nueva normalidad después de experimentar un trauma. En vez de eso, adquirimos una respuesta al trauma y desarrollamos un TEPT, un trastorno de estrés postraumático.

¿Qué es el TEPT? Oxford English Dictionary define el estrés postraumático como:

Un problema de estrés emocional y mental persistente que se produce a consecuencia de una lesión o una conmoción psicológica grave y suele implicar alteraciones en el sueño y recuerdos vívidos de la experiencia en cuestión de manera constante, y además provoca una respuesta de desgana ante los demás y el mundo exterior.

Una buena definición. Muy rimbombante. Pero ¿cuál sería la versión menos rimbombante? Pues que *el* TEPT *es la inhabilidad de recuperarse tras un suceso traumático.* Y lo carga el DIABLO.

El National Center for PTSD (Centro Nacional del TEPT) de Estados Unidos (puedes consultar su página web en ptsd.va.gov) recopiló muchos estudios sobre esta cuestión. ¿Por qué hay personas más propensas a sufrir un TEPT? Muchos de los indicadores que descubrieron tienen todo el sentido del mundo:

- Haber estado expuesto al trauma como víctima o testigo de primera mano.
- Haber experimentado algo muy grave o que la persona en cuestión resultara gravemente herida debido al incidente.
- Traumas que duran mucho tiempo.
- Haber creído que uno mismo o un ser querido estaba en peligro y haberse sentido incapaz de protegerse ni protegerlo.
- Haber tenido una respuesta emocional o física grave durante la situación traumática en cuestión.

Nuestros antecedentes también pueden hacernos más susceptibles a responder ante un trauma:

- Haber sufrido otros traumas a una edad muy temprana.
- Haber sufrido otros problemas de salud mental o tener familiares con problemas de salud mental.
- Tener poco apoyo familiar y de amistades, tanto si es porque no tienes muchos familiares ni amigos como si estos no comprenden la experiencia que has viviste.
- Haber sufrido cambios vitales estresantes recientes o haber perdido a un ser querido hace poco.
- Ser mujer o pertenecer a un grupo cultural minoritario (porque ya de entrada es estadísticamente más probable que sufras algún tipo de trauma).
- Ser consumidor de sustancias que alteran la mente, por ejemplo, drogas o alcohol.
- Ser joven.
- Tener pocos estudios.
- Formar parte de un grupo cultural o de un sistema familiar con el que sea poco probable que puedas hablar de tus problemas.

Creo que no hubo ninguna sorpresa, ¿no? Pero el último elemento de la lista es MUY IMPORTANTE. Vuelve a leerlo. Cuando hablamos sobre las cosas, estas mejoran.

Pero ¿por qué? ¿Por qué algunas personas acaban desarrollando un trastorno y otras no? ¿Cuál es la explicación científica detrás de todo esto?

No tiene nada que ver con la naturaleza del trauma, o con lo grave que sea, o incluso con la manera en que nuestro cerebro está programado, ni con nuestras experiencias. Todo esto afecta nuestra capacidad de sanar, por supuesto que sí, carajo. Pero si fuera así de simple, podríamos crear un diagrama de flujo anticipatorio para saber con exactitud qué personas acabarán desarrollando TEPT y cuáles no. Pero eso es imposible, porque nuestra manera de sanar está igual de influenciada por el presente y el futuro que por el pasado.

Los estudios demuestran que la incapacidad de regresar a una nueva normalidad se debe a que la capacidad del cerebro de procesar una experiencia queda alterada durante los treinta primeros días después del trauma en cuestión. Es por eso que no se puede diagnosticar el TEPT hasta que haya pasado al menos un mes, porque todavía no sabemos si vamos a poder recomponernos o no.

Esos primeros treinta días son críticos. Necesitamos tiempo y espacio para recuperarnos, para procesar lo ocurrido, para encontrar maneras de asimilar cómo nos gustaría que funcionara el mundo y cómo funciona en realidad, según nuestra experiencia. Durante ese periodo necesitamos apoyo relacional. El cerebro está programado para conectar con los demás, así que conectar con otras personas nos ayuda a mejorar.

No disponer de este tiempo ni de estas conexiones es un indicador de que muy probablemente nos dirijamos hacia una respuesta traumática.

Y que conste que no disponer de este tiempo ni de estas personas puede deberse a un montón de buenas razones.

A ver, hablando en rasgos generales, el trauma no es una experiencia autoconclusiva. Suele ser compleja y continua. Por ejemplo, las personas que mantienen una relación abusiva saben de sobra que las agresiones prácticamente nunca son incidentes aislados que no se repiten. La violencia es cíclica y continua. Las personas que están en el ejército o trabajan en una profesión de alto riesgo viven situaciones horribles a diario y saben que pueden volver a experimentarlas en cualquier momento. El trauma nos pone en modo supervivencia durante esos primeros treinta días. Pero puede darse el caso de que se sucedan varios traumas a todo gas y no tengamos ni un momento para detenernos y respirar. Entonces el cerebro apaga el procesamiento del trauma para que podamos seguir adelante y sobrevivir.

En realidad, cuando el cerebro dice «¡Todavía estamos en la boca del lobo, ahora no podemos lidiar con toda esa mierda!», se está comportando como un hijo de la chingada sobreprotector.

A veces no es una cuestión de que suframos un trauma tras otro, sino que son las exigencias de la vida cotidiana las que provocan el apagón. A veces no tenemos ni el tiempo ni el espacio para sanar tras una experiencia de duelo. Porque tenemos que seguir levantándonos por la mañana, ir a trabajar, dar de comer al perro y encontrar el zapato del pie izquierdo que perdió el niño. El cerebro sobrecargado no puede encargarse de todo. Cuidar de NOSOTROS MISMOS a menudo se convierte más bien en un lujo que no podemos permitirnos que en una necesidad que no podemos ignorar.

CALMA TU PINCHE CABEZA

Otras veces el cerebro no tiene los mecanismos necesarios para poder asimilar el trauma. Por más que nos demos mucho tiempo y espacio para sanar, puede que no consigamos encontrar la manera de encajar el trauma para poder seguir adelante. Eso vuelve a ser culpa del cerebro narrador, ya que se queda atascado contando esa misma historia una y otra vez a pesar de que simplemente no funciona.

Sea cual sea el motivo, el cerebro puede apagar el proceso de sanación en cualquier momento y entonces nuestra «nueva normalidad» se convierte en una experiencia basada en el trauma en vez de en la sanación. Empezamos a evitar cualquier cosa que nos recuerde ese trauma porque la única manera que tenemos de sentirnos seguros es compartimentalizando.

Los seres humanos somos unos hijos de la chingada adaptables. Nuestros mecanismos de evasión pueden funcionar muy bien durante mucho tiempo.

¿Cómo detectar el trauma en nuestro día a día?

¿Cómo puedes saber si estás lidiando con un trauma?

En cuanto empieces a operar desde una experiencia basada en el trauma (ya sea un TEPT en toda regla o no), observarás los siguientes indicios en tu vida porque tu cerebro gestionará el trauma con estrategias adaptativas. Esa palabreja solo es una manera pretenciosa de decir que somos capaces de utilizar los recursos más inverosímiles para evitar nuestras respuestas al trauma y así no tener que lidiar con ellas. Pero eso es como construir los cimientos de una casa sobre un terreno inestable. Pues con el tiempo acaban saliendo grietas.

- *Nivel de excitación:* la amígdala lleva siempre su sombrero alocado, y haces locuras cuando no deberías o en momentos que no quieres. Puede que sepas por qué o puede que no. Pero es posible que tu cerebro esté procesando algo que considera una amenaza aunque tú ni siquiera la hayas detectado y que por eso de repente te derrumbas en medio del supermercado.
- *Evasión:* evitas cualquier cosa que desencadene un gran nivel de excitación. ¿Ir a comprar al supermercado fue horrible? Pues mejor hago las compras por internet. Tampoco hace falta salir de casa para ir a hacer las compras, ¿no?
- *Intrusión:* es cuando empiezan a emerger pensamientos, imágenes y recuerdos relacionados con una experiencia traumática. Las cosas de las que tu cerebro quiere protegerte nunca acaban desapareciendo del todo. Y empiezan a subir a la superficie sin tu consentimiento ni tu voluntad. Esto no tiene nada que ver con reflexionar, que es cuando te preocupas por algún mal recuerdo a propósito, sino que estamos hablando de los casos en que tus problemas surgen cuando menos te lo esperas. Y además eres incapaz de lidiar con todo lo que sale a la superficie a la vez.

- *Pensamientos y sentimientos negativos:* si te ocurre todo lo demás, no es de extrañar que nunca estés bien. O que no te encuentres ni siquiera regular.

Estos son los cuatro jinetes básicos del apocalipsis del TEPT. Así es como diagnosticamos un TEPT en toda regla. Cuando todos estos síntomas están presentes, significa que en cierto modo estás reviviendo constantemente el trauma dentro de tu cabeza.

Pero no todo el mundo que presenta una respuesta al trauma tiene un TEPT en toda regla. Al final, el diagnóstico del TEPT es como una lista de la que hay que ir tachando. Si te hacen una evaluación para este diagnóstico, intentarán determinar si tienes un número dado de estos síntomas o más. Es por eso que algunas personas cumplen algunos de los criterios de un TEPT, pero no los suficientes como para justificar un diagnóstico.

Pero incumplir con todos los criterios diagnósticos del TEPT no significa que todo vaya de poca madre ni hace que te encuentres mejor por arte de magia, ¿verdad? Está claro que ahora no estás BIEN, y es muy posible que las cosas empeoren.

El VA (Departamento de Estados Unidos de Asuntos de Veteranos) lo descubrió al estudiar a los trabajadores de los servicios de emergencias que estuvieron de servicio durante el 11S. De las personas que presentaban algunos síntomas de la respuesta al trauma, pero no un TEPT en toda regla, el 20% sufrió un incremento de dichos síntomas que les hizo ganarse el diagnóstico de TEPT durante una revaluación dos años después. *Vaya, quién podría haber adivinado* que si revives el trauma una y otra vez, las conexiones cerebrales se van reforzando.

Los pensamientos, sentimientos y comportamientos que están impulsados por nuestra respuesta al trauma pueden ser muy difíciles de comprender. Y no me refiero solo para las personas de nuestro alrededor, sino también incluso para nosotros mismos. ¿Alguna vez tuviste uno de estos momentos en los que pensaste «¿Pero qué chingados haces, cerebro?». Cuando esto ocurre, nos sentimos ineptos, y nuestros seres queridos, inútiles.

Pero vamos a dar a nuestro estúpido cerebro un respiro. Todo eso solo significa que el pobre está intentando encontrar algo de sentido a todas estas situaciones, situaciones que puede que, en realidad, no tengan ningún sentido. Es por eso que reacciona exageradamente a la hora de exigir que respondamos de cierta manera ante algunos sucesos. Te recuerda tus historias. Y esos recuerdos certeros desencadenan emociones negativas. Entonces el cerebro reacciona de manera protectora y tú ni siquiera sabes qué está ocurriendo.

Bueno, está bien. Entonces, ¿a qué síntomas deberíamos estar atentos? ¡Buena pregunta, *crack!* La lista es bastante larga.

Síntomas de que estás reviviendo un trauma:

• Revivir el trauma a pesar de que sea cosa del pasado y de que ahora te encuentres físicamente a salvo.

- Soñar que estás viviendo de nuevo el suceso traumático en cuestión (o tal vez incluso un suceso similar).
- Tener una respuesta emocional desmedida cuando alguien o algo te recuerda el trauma. Por ejemplo, que hagas locuras a pesar de estar a salvo o experimentes muchos síntomas físicos (sudores, corazón acelerado, desmayos, problemas de respiración, dolores de cabeza, etcétera).

Síntomas de que estás evitando cualquier recuerdo relacionado con el trauma:

- Hacer cualquier cosa para distraerte de los pensamientos y sentimientos relacionados con el trauma o evitar hablar del trauma, aunque salga en la conversación.
- Evitar cualquier cosa asociada con el trauma, como personas, lugares y actividades. Muchas veces con el tiempo esas zonas a evitar se van volviendo mucho más grandes. Por ejemplo, al principio puede que evites la calle donde tuviste un accidente. Pero luego será el barrio entero y más adelante manejar en general.
- Tener la necesidad de sentir que tienes el control en cualquier circunstancia, por ejemplo, sentarte en el sitio que te parezca más seguro en un espacio público, no estar físicamente cerca de ninguna otra persona o evitar las muchedumbres. (Si trabajas en algún campo en el que se dé mucha

importancia a la formación en seguridad, puede que hagas todas esas cosas de manera automática sin que signifique que sufras de un TEPT).

- Tener problemas para recordar aspectos importantes del trauma (bloquear situaciones).
- Sentirse totalmente anestesiado o indiferente ante todo o casi todo.
- No mostrar interés por las actividades que antes realizabas ni por hacer nada divertido. Ser incapaz de disfrutar de nada, incluso a pesar de hacer algo que deberías disfrutar.
- No estar conectado con tus sentimientos ni con tu estado de ánimo en general. Sentirse solo... como en blanco.
- Ser incapaz de ver que tienes un futuro y pensar que solo te espera más de lo mismo y que las cosas no mejorarán nunca.

Otros síntomas médicos o emocionales:

- Dolor de estómago, problemas a la hora de comer, que solo se te antoje comer alimentos con mucha azúcar (y, por lo tanto, más reconfortantes para un cuerpo estresado).
- Tener problemas para dormir o mantenerte dormido. O dormir mucho, pero que no sirva de una pinche mierda. En cualquier caso, estar constantemente agotado de a madres.
- Estar tan hasta la madre de todo que no te quede energía para cuidar de ti mismo (hacer ejercicio,

comer de manera saludable, ir al médico con regularidad, practicar sexo seguro con tus parejas).

- Aliviar los síntomas con sustancias (por ejemplo, drogas, alcohol, nicotina o comida) o comportamientos (por ejemplo, darse al juego, comprar compulsivamente o hacer estupideces que proporcionen una dosis de endorfinas, por ejemplo, jugar a ver quién se quita al último cuando pasa el tren).
- Ponerse enfermo con más frecuencia o notar que algún problema de salud física crónica empeora.
- Sufrir ansiedad, depresión, culpa, nerviosismo, irritabilidad o ira. (Tristemente, un GRAN número de diagnósticos de salud mental en realidad son solo respuestas al trauma que no están recibiendo el tratamiento adecuado).

¿A que no te extraña que se pueda confundir una respuesta al trauma con cualquier otro diagnóstico? A ver, el diagnóstico más sencillo es el SEPT. Pero las respuestas al trauma, tal y como ya mencioné anteriormente, pueden llevar una máscara de carnaval y disfrazarse de otra cosa. Los dos disfraces más utilizados son la depresión y la ansiedad. A veces, la respuesta al trauma puede incluso ocultarse tras una máscara de trastorno bipolar o esquizofrenia. He trabajado con más de un paciente al que habían etiquetado con un trastorno del pensamiento como la esquizofrenia, pero que al ponernos a hablar de lo que le decían sus «voces», nos dimos cuenta de que en realidad eran *flashbacks* de sus traumas. Algunos de los otros disfraces que suelen llevar las respuestas al trauma son el TDAH, la ira y la irritabilidad, problemas de apego y relacionales, y un sentido retorcido del bien y el mal.

No hay nada de malo con estos otros diagnósticos en sí mismos. A veces puede ser incluso necesario para conseguir que un seguro cubra los gastos del tratamiento. También sirven como herramientas entre el personal médico, una manera breve de decir «estos son los síntomas del paciente». Además, estos diagnósticos son perfectamente válidos, no siempre se trata de un desencadenante del trauma mal diagnosticado. El problema a la hora de buscar ayuda surge cuando te diagnostican algún trastorno, pero en realidad la raíz del problema ES EL TRAUMA.

En estos casos estamos condenados al fracaso. Porque en realidad los diagnósticos relacionados con el trauma pueden ser tratados con más éxito que muchos otros problemas mentales, *siempre y cuando entendamos que los síntomas son una respuesta y los gestionemos en ese contexto.*

Calmar tu pinche cabeza es completamente factible.

Está bien, en realidad no tengo ningún trauma. Pero aun así tengo el cerebro jodido de a madres. ¿A qué se debe?

Bueno, entiendo que elegiste este libro porque crees que tienes que calmar un poco tu pinche cabeza. Sin embargo, todo esto del trauma te suena a chino. No concuerda con lo que tú tienes. Pero aun así no te gustan algunas de las cosas que ocurren dentro de tu cabeza y quieres hacer algo al respecto.

Puede que hayas desarrollado el hábito de reaccionar de manera menos intensa que si se tratara de una respuesta al trauma, pero el funcionamiento es prácticamente el mismo. A pesar de que tu amígdala no esté en modo tomar las riendas, tus recuerdos y emociones siguen estando conectados, ¿verdad? Tu amígdala se mueve al ritmo de un mal hábito que te está complicando la vida de la manera más estúpida.

¿Qué es un hábito? *Una práctica o tendencia regular o establecida que resulta especialmente difícil de cambiar.* Hace un tiempo hicimos una cosa y funcionó. Continuamos haciéndola y continuó funcionando. Es posible que con el tiempo empezara a dejar de funcionar igual de bien si es que todavía seguía funcionando, pero aun así nuestro cerebro de la chingada sigue bailando al son de la historia que dice que esto funciona porque no encontró ninguna opción mejor. Así que va a seguir desencadenando esa respuesta de la amígdala porque vinculó un recuerdo a una emoción. Puede que no se trate de una respuesta basada en el trauma muy exagerada, pero sin embargo ahí está.

Este es el motivo por el cual cuesta tanto tratar las adicciones. Aprender a DEJAR de hacer algo es muy difícil una vez ya tenemos programada una respuesta en particular. Es por eso que en este libro encontrarás un capítulo titulado «Adicciones». Puede que estés pensando «Bueno, yo no soy adicto a la heroína, así que esto no va conmigo», pero de todas formas te recomendaría que consideraras leerlo porque contiene información que puede resultar importante para todo el mundo.

Y sí, los patrones de pensamiento y comportamiento pueden SIN DUDA tener cualidades adictivas.

Por ejemplo, supongamos que te criaste en una casa donde nadie hablaba de sus sentimientos. Era algo que no se incentivaba, y si intentabas hacerlo, todo el mundo se sentía incómodo. Así que enseguida aprendiste que hablar sobre tus sentimientos iba claramente contra las normas. Nadie abusó de ti, nadie te traumatizó. Pero si a la hora de cenar decías «Hoy me peleé con mi mejor amigo y estoy muy triste y enojado» con seguridad recibías una respuesta tipo «A veces esas cosas pasan, querido, pásame las papas por favor».

Si cada vez que intentabas hablar de tus sentimientos te desalentaban, es probable que tu cerebro creara la conexión de que hablar sobre estos temas incomoda a los demás. Y puede que eso provoque que te sientas ansioso, culpable o frustrado.

Viajemos ahora veinte años en el futuro. Tu pareja insiste en que hables de tus sentimientos. Pero cada vez que lo intentas te invade una niebla emocional rara de la chingada; ansiedad, culpa, frustración. Y tu pareja se queda en plan «¿Pero qué chingados te pasa?», y tú no entiendes nada.

La buena noticia es que este libro también puede ayudar en tu caso. De hecho, mejorarás incluso más deprisa, ya que tus historias no tendrán ese ritmo tan marcado, propio de las historias traumáticas. En tu caso tendrás que centrarte más bien en reconocer patrones y encontrar un poco de claridad en vez de reprogramar tus respuestas a un nivel más profundo. Seguro no tardarás ni un minuto en hacerlo estupendamente.

¿Y si uno de mis seres queridos tiene una historia traumática grave?

Estar muy preocupado por alguien a quien le está costando mucho recuperarse de su trauma es una situación muy dura, ¿verdad? Quieres AYUDAR. Sentirte incapaz de hacerlo es uno de los peores sentimientos del mundo. Corres el riesgo de desgastarte mucho y de sufrir estrés traumático secundario. Porque sí, ver a alguien sufriendo por un trauma puede ser una experiencia traumática en sí misma.

Tienes que recordar dos cosas:

- Esta no es tu batalla.
- ... pero las personas mejoran si reciben apoyo.

Esta no es tu batalla. No te corresponde a ti designar los parámetros de nada, no te corresponde a ti determinar qué mejora o empeora las cosas. Da igual lo bien que conozcas a alguien, no sabes cuáles son sus procesos internos. Puede que *ni tu ser querido mismo* sepa cómo funcionan sus propios procesos internos. Si conoces bien a una persona, puede que sepas mucho sobre ella. Pero aun así no eres tú quien debe controlar su vida.

Decirle a alguien lo que debería hacer, sentir o pensar no servirá de nada, por mucho que tengas razón. Incluso aunque acepte hacer lo que le digas... lo único que conseguirás será negarle la oportunidad de que haga lo que tiene que hacer para tomar las riendas de su propia vida. Si no dejas de rescatar a tu ser querido, solo conseguirá mejorar hasta cierto punto.

... pero las personas mejoran si reciben apoyo. Lo mejor que puedes hacer es preguntarle a tu ser querido cómo puedes ayudarlo cuando se enfrente a algo que le cueste. Podrían crear un plan de acción con la ayuda de un terapeuta (si alguno de los dos o ambos van a terapia), o simplemente podrías preguntárselo durante una conversación privada.

Pregúntaselo. Pregúntale si quiere que le ayudes a hacer algún ejercicio de anclaje cuando algo le desencadene una respuesta al trauma, si necesita estar solo, un baño caliente o una taza de té. Pregúntale qué puedes hacer y hazlo, siempre y cuando te pida cosas sanas.

Puede que a tu ser querido le resulte útil crear un plan de seguridad oficial (al final del libro encontrarás ejemplos de planes de seguridad) en el que podría detallar cuál sería tu implicación. Así sabrías cuáles son los límites de tu papel y podrías evitar rescatarlo o posibilitarle un comportamiento peligroso o de autosabotaje.

Además, puede que necesites trazar unos límites claros, o que tengas que protegerte a ti mismo, y no solo por tu propio bienestar, sino también para transmitir a tu ser querido lo importante que es hacerlo.

Ama a tu ser querido por todo lo que es. Recuérdale que su trauma no lo define. Deja que sufra las consecuencias de su comportamiento y celebra las veces que actúe de manera diferente y más sana. Sé la persona que lo ayude en su proceso de sanación.

PASA A LA ACCIÓN
Pon nombre a este desgraciado

Imagina que tus reacciones negativas son una persona real. Ponles el nombre de una expareja horrible, de un profesor de primaria de mierda o de Kim Jong-un. Crea un personaje entero para esas cabronas.

Las emociones son tan vastas y tan indefinidas que el hecho de visualizarlas como una entidad real y definida contra la que poder luchar *resulta muy útil*. Así podrás mantener una conversación con *el remolino de pelo épico de Donald Trump* (o con quien tú quieras, aunque personalmente creo que todas las cosas negativas deberían identificarse con ese pelo) cada vez que tengas una reacción negativa.

Así podrás centrarte en esa entidad igual que harías si te estuviera amenazando una persona de verdad en el mundo real. Podrás negociar con ella, gritarle o encerrarla en una caja. Podrás elegir el tamaño que quieres que tus reacciones negativas tengan para poder lidiar con ellas y les darás un toque ridículo que te hará reír mientras les das una paliza.

3
CONTROLA TU PINCHE CABEZA

Si hubiera decidido titular los dos primeros capítulos «Este es tu cerebro», el resto del libro se llamaría «Este es tu cerebro con terapia».

A lo largo de mi carrera trabajé con niños, adolescentes y adultos en su proceso de sanación de un trauma. Y en mi experiencia, la analogía que te explicaré a continuación suele resultar muy ilustrativa para todo el mundo. A los niños les gusta porque es asquerosa, y a los adultos, porque la simbología les ayuda a comprender mejor la situación.

Un trauma es como una herida cubierta con una costra en la parte superior, pero que no terminó de sanar. Parece cerrada; sin embargo, la infección sigue latente debajo de la piel. Supura incluso aunque nos olvidemos de que tenemos una herida o cuando encontramos la manera de ignorarla. Pero ¿qué ocurre si no limpiamos esa herida?

A los niños les gusta esta parte.

«¡Chorrea POR TODAS PARTES! ¡Sale sangre y pus, DUELE y es SUPERASQUEROSA!».

Tal cual.

Tenemos que limpiar la herida para que pueda sanar.

Pero ¿y qué hay de la cicatriz que deja luego?

A los adultos les gusta esta parte.

Las cicatrices son como emblemas. Son recordatorios de que nos hemos curado.

Creamos nuevas maneras de sentirnos a salvo que nos hagan más bien que mal a largo plazo. Procesamos nuestras experiencias con las personas con las que nos sentimos seguros, que son dignas de confianza y se preocupan por nosotros. Reeducamos nuestro cerebro para que PIENSE en vez de REACCIONAR. ¿Y qué hay de esas heridas? *Las tratamos.*

Ciencia pretenciosa para calmar tu pinche cabeza

Dado que nuestras emociones están tan estrechamente relacionadas con el cerebro y la memoria, tiene sentido que si juntamos sucesos pasados con experiencias actuales, provoquemos una respuesta muy fuerte.

Pero en realidad el cerebro no está programado para aferrarse a ciertas emociones durante periodos de tiempo muy prolongados. Las emociones están diseñadas para entrar en nuestro circuito de retroalimentación informativo.

¡ESTO NOS GUSTA! ¡QUEREMOS MÁS!

o

¡ESTO ES UNA MIERDA! ¡BASTA YA!

Las emociones afectan al pensamiento y al comportamiento. Su misión es ser una señal fisiológica para el resto del cerebro. Y una vez cumplido su cometido, deberían desvanecerse.

¿Sabes cuánto tiempo debería durar una emoción? Noventa segundos. En serio, las emociones solo necesitan un minuto y medio para seguir su curso.

Seguramente ahora mismo estarás pensando «y una mierda», lo sé. Porque si eso fuera cierto, ¿por qué nuestras emociones duran horas, días e incluso años? ¿Noventa segundos? Ni de chiste.

Puede que las emociones duren más de noventa segundos, porque no paramos de avivarlas con nuestros pensamientos. Y lo hacemos repitiéndonos las mismas historias una y otra vez sobre la situación que las desencadenó. Entonces, dejan de ser emociones y empiezan a convertirse en estados de ánimo.

También podemos avivarlas con nuestro comportamiento. Mi definición favorita de locura es *hacer lo mismo una y otra vez y esperar un resultado diferente.* Cuando somos reactivos en vez de proactivos, lo único que hacemos es reforzar ese patrón.

Imaginemos que tienes un accidente de coche horrible mientras vas manejando por la calle Uno. Tendría todo el sentido del mundo que volver a manejar por esa calle provocara que tu cerebro entrara en pánico. Así que evitarías pasar por la calle Uno. Con el tiempo, evitar esa calle se acabaría convirtiendo en tu *modus operandi* hasta el punto de ser incapaz de hacer cualquier cosa que implique estar en las inmediaciones de la calle Uno. No QUIERES que te dé un patatús solo con pensar en tener que manejar por la calle Uno. ¡Quieres recuperar tu vida, puta madre! Pero mientras sigas evitando manejar por esa calle, lo único que conseguirás será arraigar todavía más ese comportamiento y la sensación de pánico que asocias con el hecho de recordar el accidente.

Pensar en el accidente acabaría convirtiéndose en algo que no podrías controlar. Los pensamientos obsesivos son un tipo de atención reiterada e indeseada de nuestros propios patrones de pensamientos. Es un punto muerto, un error de código. Acabarías pensando obsesivamente en el accidente hasta el punto de sentir que estás perdiendo la cabeza, porque tendrías la sensación de que los pensamientos obsesivos habrían tomado las riendas de tu cerebro.

Básicamente estarías alimentando esa respuesta emocional en particular (ansiedad, miedo) y esos pensamientos en concreto («En la calle Uno ocurren accidentes») por el simple hecho de haber seguido utilizando el mismo comportamiento adaptativo que al principio te había mantenido a salvo («No conduzcas por la calle Uno, ¡ahí ocurren cosas malas!»). Y así es como se mantiene el circuito de retroalimentación en un bucle perpetuo.

Bueno, okey, podría ser. Pero ¿qué hay de todos esos recuerdos que no acaban convirtiéndose en pensamientos obsesivos? ¿De esos sentimientos que hacemos lo imposible para evitar a toda costa? Puede que en vez de pensar obsesivamente en la idea de manejar por la calle Uno, te niegues con rotundidad a dedicarle NI UNA PIZCA DE ATENCIÓN. ¿Pensamientos obsesivos? Y una MIERDA. Sin embargo, esa reacción también es cosa de la programación del cerebro. Evitar cierta emoción solo provoca que te acabes aferrando a ella con la misma fuerza que si pensaras obsesivamente en ella. ¿Recuerdas la analogía de la infección? La herida no para de supurar.

Tanto los pensamientos obsesivos como la evasión funcionan de la misma manera... como si fuera una cinta de Moebius; *nunca cambia, y así no vamos a ninguna parte*. Los pensamientos obsesivos son una manera de insistir en asimilar una experiencia, pero de un modo que no tiene ningún sentido. Y la evasión no es más que negarse a reconocer lo ocurrido a nivel consciente. Los pensamientos obsesivos y la evasión son dos maneras de intentar controlar nuestra experiencia en vez de tratarla como la información que se supone debería ser y encontrar la manera de procesar nuestras respuestas.

Cuando nos encontramos en una situación en la que nos arrebatan el control, incluso el recuerdo de aquel suceso se convierte SIN DUDA en la situación más incómoda de TODA la historia. Es un recordatorio de que tenemos mucho menos control sobre el mundo exterior de lo que nos gustaría, y eso da un miedo de a madres. Tanto los pensamientos obsesivos como la evasión son dos posibles reacciones que puede mostrar el cerebro en un intento por retomar el control. Si me obsesiono con ello, podré averiguar cómo impedir que me ocurra de nuevo. Si lo evito, podré borrarlo de mi existencia pasada, presente y futura. Cualquiera de esas dos opciones nos parecen mucho más seguras que reconocer el suceso ocurrido y dejarlo ir.

¿Conseguimos llegar a un punto en el que podamos sentir lo que sentimos?, ¿en el que nuestras emociones duren tan solo noventa segundos?, ¿en el que recordemos que todo eso solo es información de nuestro cuerpo, parte de nuestro circuito de retroalimentación? ¿Que no nos define? ¿Que no cambia en absoluto nuestra esencia? ¿Que puede que ni siquiera sea una información PRECISA de la situación? SÍ, PERO ES DIFÍCIL DE A MADRES.

Cuando una situación nos desencadena una respuesta al trauma, significa que estamos en un terreno inestable. Solo queremos que la tierra deje de moverse. Recuperar un poco la sensación de control. Si de repente lo que creíamos que era tierra firme bajo nuestros pies en realidad resulta que no es sólida en absoluto, tendremos que vivir con esa ambigüedad constante. Pero la ambigüedad no tiene cabida en nada de lo que nuestro cerebro intenta hacer y decirnos para mantenernos a salvo. La ambigüedad activa las alarmas: nivel de alerta rojo por amenaza.

¿Te acuerdas de todos los conceptos pretenciosos del cerebro que vimos en el primer capítulo? Dado que el cerebro está programado para mantenernos con vida, cada vez que nos sentimos amenazados, la parte más instintiva de nuestro cerebro toma las riendas. Pero a diferencia de otras especies con las que compartimos el mundo, cuando esta amenaza termina, no se nos da muy bien quitarnos de encima esa sensación de peligro ni expulsar todas las hormonas y las sustancias químicas del sistema y retomar nuestras vidas cotidianas.

La corteza cerebral no puede *controlar* las respuestas instintivas; solo puede *intentar explicarlas*. Puede ofrecer información distinta y respuestas alternativas. Puede poner a prueba escenarios nuevos. La PFC nos proporciona información y puede negociar, pero en los momentos estresantes NO está al mando. No estás loco por pensar que tu cerebro animal le quitó las riendas a tu cerebro pensante. Te sientes así porque ESO ES EXACTAMENTE LO QUE OCURRIÓ.

Y para serte sincera, tu cerebro animal está enojado porque no ves lo ingrato que eres a pesar de todos los esfuerzos que hace para mantenerte con vida.

Que tu cerebro animal tome las riendas no es ninguna señal de debilidad. Es un instinto de supervivencia que viene programado de fábrica. No puedes retomar el control a golpe de fuerza de voluntad. El cerebro animal acabará ganándote siempre y te dará un manotazo como diciendo «¡a la mierda!» cada vez que lo intentes.

Sanar un trauma significa resolver nuestros problemas, no intentar dominarlos. En vez de atacar de frente al estilo *Corazón valiente*, tenemos que encontrar nuevas maneras de conversar que nos hagan sentir seguros y apoyados. El objetivo no es salir de nuestra zona de confort, sino crear una burbuja de mayor confort que nos ayude a seguir adelante hasta que un día ya no la necesitemos.

Calmar tu pinche cabeza inmediatamente después de un suceso traumático

Está bien, ¿te acuerdas de cuando hablamos sobre los primeros treinta días?, ¿sobre que este es el periodo crítico para recuperarnos de un trauma? Okey. Porque, carajo. ¿Qué pasaría si tuviéramos el tiempo y el espacio necesarios para procesar ese terrible suceso? Seguro eso marcaría una gran diferencia.

Si tienes alguna conexión con el ejército o los servicios de emergencia (bomberos, policías, paramédicos), seguramente habrás oído términos como «informe de seguimiento» o «informe del accidente». O si alguna vez te viste envuelto en uno de esos incidentes traumáticos en los que intervienen este tipo de profesionales (policías, médicos, etcétera), en algún momento tuviste que contar tu historia.

Hablar sobre lo ocurrido es un buen primer paso para casi todo el mundo. El problema es si solo lo procesamos como si fuéramos Dragnet. Ya sabes, el de «solo los hechos». Porque de ser así nos estaríamos apartando incluso más del contenido emocional de nuestra experiencia, ya que eso provocaría que nos centráramos más en recitar los hechos que en procesar los recuerdos cargados de emociones.

Cuando nos ocurre cualquier cosa, enseguida pasa de ser un acontecimiento a un recuerdo. Con espacio y apoyo nos sentiremos empoderados para poder procesar ese recuerdo en el nivel emocional donde lo hayamos almacenado. La parte de «solo los hechos» solo debería ser el inicio del proceso de sanación, porque no es ni de lejos tan útil como el «solo todos los sentimientos».

¿Qué quiere decir que alguien te haya dado este libro después de haber sufrido un trauma muy reciente? Significa que esa persona está a tu lado y quiere ayudarte. O puede que lo hayas elegido por tu cuenta porque esa vocecita en el interior de tu cabeza te dijo que deberías hacerlo. En cualquier caso, este es el momento de cuidar de ti mismo, tipo duro. Necesitas espacio para sanar.

No he encontrado grandes diferencias entre las cosas que pueden ayudarnos a sanar, según si el trauma es más reciente o más antiguo. Pero sí llegué a la conclusión de que es mucho más fácil sanar cuando nos ponemos manos a la obra casi enseguida y no damos al cerebro la oportunidad de empezar a urdir señales de mierda para jodernos. También descubrí que si eres capaz de trabajar en ello enseguida, es mucho menos probable que acabes desarrollando una enfermedad mental crónica como resultado de tu trauma, o que por lo menos esta sea menos grave/más manejable.

Y también sé que te mereces el tiempo necesario para poder centrarte en ti mismo y en tu sanación. Por muy estúpido que parezca, por muy ocupado que estés

CALMA TU PINCHE CABEZA

o por mucho que las personas que te rodean te menosprecien o se sientan incómodas con el proceso, te mereces tener todas las oportunidades de sanar.

Calmar tu pinche cabeza mucho tiempo después

Y luego estamos los desgraciados hijos de la chingada que no tuvimos la oportunidad de desentrañar nuestro trauma durante el periodo de reestabilización de noventa días. Cosa que significa que tenemos más meses, años o décadas de cabeza jodida para desenmarañar. Pero no se trata de una situación imposible ni de chiste. ¿Y qué pasa si este es tu caso? Pues significa que eres un SOBRE-VIVIENTE. Tu cerebro consiguió encontrar la manera de que pudieras seguir adelante a pesar de todas las locuras que estaban ocurriendo a tu alrededor. Y FUNCIONÓ.

El problema es que ahora dejó de funcionar. En vez de ser una solución, se está convirtiendo en un problema. Así que tienes que atar a tu cerebro en corto y reeducarlo.

Tienes que enseñarle a utilizar la corteza prefrontal para que aprenda de nuevo a diferenciar entre amenazas reales y percibidas. Cuando el sistema de retroalimentación funciona correctamente, la amígdala no se vuelve loca y envía miles de mensajes al tallo cerebral para activar el modo perder la cabeza.

Gran parte del trabajo que hago en mi consultorio privado consiste en guiar a los pacientes para que procesen sus historias, pero a la vez los ayudo a mantenerse anclados en el presente. Eso les sirve para recordar que en el momento presente tienen el control de su experiencia, aunque puede que en el pasado no lo tuvieran. Darte cuenta de que puedes sentir algo sin agobiarte por ello es increíble. Y eso es lo que realmente significa *recuperar tu poder*.

Si el paciente en cuestión dispone de una pareja, un amigo o un familiar que lo apoya, le enseño cómo puede ser de ayuda durante este proceso. Y decidimos entre todos cuál va a ser su papel para que pueda apoyar al paciente sin que haga locuras y empeore todavía más la situación. (Algunas de las cosas más tontas se hacen con la mejor de las intenciones, ¿a que sí?).

Mucha gente trabaja todas estas cuestiones en terapia, pero no todo el mundo. Por mucho que ya estés viendo a un terapeuta, los buenos adoptarán el mismo papel que un entrenador junto al campo de juego; te harán sugerencias y comentarios desde una perspectiva externa. Si estás en proceso de resolver alguno de esos problemas, ya estás haciendo la parte más difícil, ya sea con el apoyo de amigos, familiares o profesionales, o simplemente por tu chingona voluntad por mejorar.

Tanto si te están ayudando como si lo estás haciendo por tu cuenta, tengo comprobado que comprender por qué funcionan estas técnicas las hace efectivas en menos tiempo. Saber cómo está programado el cerebro nos ayuda a sentirnos menos frustrados, estúpidos y culpables. Porque, ¿sabes cuál es uno de los mayores impedimentos para la recuperación? La vergüenza. Nuestra propia vergüenza y la que sienten los demás por nuestra falta de mejora, o por tener un problema ya de entrada.

A la pinche mierda con eso.

¿Recuerdas que te dije que eres un sobreviviente? Si te has estado arrastrando durante todos estos años, meses y décadas de mierda luchando contra un cerebro jodido, TE MERECES SENTIRTE MEJOR. Te mereces recuperar tu vida. No estás fundamental e irremediablemente roto.

Vamos a ello.

PASA A LA ACCIÓN
Surfea la ola

Las emociones duran noventa segundos. Y como probablemente tú NO eres de esas personas que leen los cuadros de texto antes del texto principal (a diferencia de mí), seguramente ya sabes que las emociones deberían ser una señal para indicar al cerebro que hay algo que requiere su atención. Se supone que las emociones solo deberían durar lo bastante como para atraer tu atención, pero una vez decidido el plan de acción, deberían desaparecer.

El problema es que, en vez de prestar atención, tendemos a hacer una de las siguientes dos cosas: o bien nos obsesionamos (y no tomamos ninguna acción), o bien entramos directamente en modo evasión. Y lo único que consiguen ambas opciones es jodernos todavía más el cerebro.

Intenta reservarte cinco minutos para pasar tiempo con la ansiedad que sientes en vez de luchar contra ella. Así conseguirás tomar más consciencia de cuál es tu experiencia emocional presente. Mientras la procesas, podrías, por ejemplo, practicar la escritura consciente, o hacer ejercicios de respiración. Puedes hacer lo que quieras, excepto evitar o desviar la atención de tus sentimientos. El objetivo es reeducar tu cerebro para que entienda que eso no durará para siempre. Puede que estés por completo a merced de ese sentimiento durante unos cuantos minutos, pero no se trata de un estado permanente. Te juro por mi Roomba que no durará para siempre... y que conste que adoro mi Roomba, ¡cada mes gana el premio de empleada del mes!

Si prestas atención a tus sentimientos, conseguirás superarlos mucho más deprisa que evitándolos. En mi caso, cuando ya

llevo tres de los cinco minutos a los que me había comprometi-
do a prestar atención a mis sentimientos, empiezo a aburrirme.
Me entran ganas de ir a prepararme un café, leer un libro, encontrar las galletas que había escondido o *hacer cualquier otra
cosa que no sea perseverar*.

PASA A LA ACCIÓN
Ponte hielo

Hace unos años muchos terapeutas animaban a sus pacientes a llevar una liga en la muñeca para jalarla siempre que sintieran la necesidad de autolesionarse, que tuvieran pensamientos en bucle o que estuvieran a punto de ceder ante un comportamiento impulsivo. Pero, eh, resulta que si jalas suficientes veces la liga que lleves en la muñeca acabarás por abrirte la piel. Así que dejamos de recomendar esta técnica.

Sin embargo, la teoría de la liga era legítima. Estábamos intentando ayudar a los pacientes a desviar la atención de sus cerebros alentándolos a centrar la atención hacia otro punto de dolor. Pero ya vimos que esta técnica funciona mucho mejor si se hace con hielo y que, además, eso no causa ningún daño permanente. En serio, inténtalo. Agarra un cubito de hielo y apriétalo. Tu cerebro se pondrá en plan «¡AY! ¿Por qué chingados hiciste eso?» y alterarás cualquier señal que estuviera emitiendo. Si sientes el impulso de autolesionarte para lidiar con la ansiedad, puedes ponerte el cubito de hielo en la parte del cuerpo en la que normalmente te harías daño, en vez de lesionarte.

Además, lo bueno que tiene esta técnica es que llevar cubitos de hielo no llama la atención. Puedes ir haciendo tu vida tranquila y simplemente agarrar un cubito de hielo de tu vaso sin que la gente se ponga en plan «¿Pero qué diablos estás haciendo?». Dirigí sesiones de terapia en grupo en las que todo el mundo llevaba agua, así que darle a alguien un vaso lleno de hielo para que lo tuviera a la mano en caso de que lo asaltara algún desencadenante no hacía que ese paciente destacara entre sus compañeros.

4
RECUPERARSE: CÓMO
REEDUCAR TU CEREBRO

Un marco de trabajo para que puedas recuperarte

A ver, esta es la sección general del libro. En este apartado, veremos cómo reeducar todas las tonterías del cerebro. Aunque por supuesto no todo el mundo responde igual ante la misma situación. Si fuera el caso, solucionar todas nuestras mierdas sería mucho más fácil y no tendría trabajo. En los siguientes capítulos, hablaremos sobre cosas más concretas que podrían ocurrirnos. Ya sabes... depresión, ansiedad, ira, adicción, respuestas al duelo y estrés. Cosas que forman parte de la condición humana y que todos experimentaremos en algún momento de nuestras vidas.

Pero primero me gustaría proporcionarte una explicación paso a paso... para que te hagas una idea de cuál es la secuencia del trauma y así puedas comprender mejor cómo solucionar esa situación. Soy PERFECTA-MENTE consciente de que nadie encaja con ese modelo pretencioso en el que se completan ciertas fases y luego, *VOILÀ!*, MEJORAS... ¿Por qué no añadimos unos aplausos ya que estamos en esas?

La vida hace de las suyas, y la mitad del tiempo bastante tenemos con sobrevivir. Así que aquello que otras personas denominan fases, a mi parecer, son más bien un marco de trabajo. Resulta muy útil poder hacerse una idea de en qué punto del proceso estás en cualquier momento dado. Así puedes centrarte en lo que mejor te vaya *en ese momento en concreto.* ¿Y qué ocurre si al cabo de unas horas (o a la semana o al año siguiente) avanzas cinco pasos o retrocedes dos? Aquí es donde entramos nosotros. No te preocupes.

Está bien, seguramente me estás mirando con los ojos entrecerrados porque sospechas que voy a ponerme en plan libro de ejercicios de autoayuda tradicional de mierda con una ración del televisivo Dr. Phill gritando «¿Y cómo está yendo la COSA?». Bueno, puede que un poco. Pero solo lo haré para explicarte las estrategias que realmente funcionan, no me desviaré del tema. Me limitaré a hablar solo de lo que la ciencia ha demostrado, y a decir palabrotas. Porque tengo un doctorado pretencioso y eso me permite decir «carajo» todas las veces que quiera. Así que ten un poco de paciencia y vamos a descubrir qué técnicas son las más adecuadas para ti.

Volvamos a los marcos de trabajo. Uno de los mejores para entender el proceso de sanación del cerebro tras un trauma proviene del libro de Judith Herman titulado

Trauma and Recovery [Trauma y recuperación]. A continuación, te dejo su lista de términos de persona adulta (junto con mi explicación menos tradicional).

1. **Sentirse seguro y estable**
   ¡Carajo! Ya, okey, ¿no? ¿Podría sentarme un momento sin que nadie me ataque? ¿Sería posible, universo?
2. **Recordar y pasar el duelo**
   ¿Qué CHINGADOS fue eso? ¿Qué pasó? ¡Se supone que estas mierdas no tendrían que ocurrir! ¡Me dieron UNA BUENA PALIZA!
3. **Reconectar**
   Está bien. Puede que tal vez, y solo tal vez, el mundo no sea una mierda clavada en un palo y que en líneas generales pueda recuperarme. Eso no quiere decir que lo que ocurrió no fuera una pinche mierda. Pero no todo es una pinche mierda y no todo el mundo es un estúpido de campeonato.

Sentirse seguro y estable: si sufrir un trauma significa que nuestra sensación de seguridad en el mundo fue violada, recobrar esta sensación de seguridad puede parecer casi imposible. El suceso en cuestión se convirtió en un recuerdo muy potente que no deja de desencadenar nuestra respuesta de «luchar, huir o bloquearse». La seguridad y la estabilización es el proceso de comprender todo lo que ocurre dentro del cerebro y de volver a retomar el control de nuestro cuerpo. Se trata de reiniciar el cerebro cuando nos encontremos con algún desencadenante. El libro de

Herman se centra en esta fase del proceso, y el mío también. Esta es la parte más difícil de poner en marcha... y si no lo conseguimos, no podremos seguir adelante.

Recordar y pasar el duelo: esta es la parte que llamamos la narrativa del trauma. Se trata de que te des el espacio necesario para que puedas procesar tu historia una vez tengas la capacidad de hacerlo, sin que eso desencadene todas esas situaciones. Se trata de adueñarte de tu historia y de no dejar que la historia se adueñe de ti. Se trata del trauma tal y como lo recuerdas, y de los pensamientos y los sentimientos vinculados a los recuerdos que tienes de ese suceso. Si las emociones estuvieran atrapadas dentro de nuestro cuerpo, así es como las metabolizaríamos. Existen muchas maneras seguras de hacerlo: con un terapeuta, con un ser querido maravilloso, con un grupo de apoyo, o incluso por tu propia cuenta con la ayuda de un diario.

Reconectar: es una manera pretenciosa de decir «recuperar tu vida». Significa encontrar la manera de que el trauma encaje en el lugar que le corresponde dentro de tu vida en vez de que tome el mando y la controle por completo. Se trata de encontrar algún sentido a tu experiencia. Sé que puede resultar difícil de comprender. Y en todo caso eso no quiere decir que lo que te sucediera no fuera horrible y jodido, pero sí significa que puedes usarlo para volverte más fuerte, apoyar a los demás e impedir que el trauma se adueñe de ti. Que puedes forjar relaciones positivas definidas por *todo* lo que eres y no solamente por tu trauma. También puede ser una oportunidad para reconectar con tu espiritualidad si siempre ha sido una parte importante de tu identidad. Que sepas que pase lo que pase... te tienes a TI. Un sobreviviente de poca madre que cualquiera sería afortunado de tener a su lado.

Está bien, admito que es más fácil decirlo que hacerlo, pero vamos a hablar de cómo empezar.

Lo primero es lo primero: sentirse seguro y estable

Esta sección está llena de actividades para captar la atención de la corteza prefrontal y conseguir así que se anteponga al tallo cerebral y le impida tomar el control y activar la respuesta de *luchar, huir o bloquearse*. Enseñar a la PFC que debe centrarse en otra cosa altera por completo esa respuesta de toma hostil tan jodida del cerebro.

Bruce Lipton, en su libro *La biología de la creencia*, compara el proceso de intentar pedirle a la amígdala que no tome las riendas con ponerse a gritar al reproductor de música porque no te gusta la canción que está sonando. El aparato solo pone la canción, ¿lo captas? No tiene la capacidad de entender que quieres pausar la canción, rebobinarla o pasar a la siguiente. En cuanto el cerebro dispara la señal de alarma, no puede detenerse, igual que un reproductor de música no puede impedir que suene una canción una vez pulsado el botón de *play*. Ni aunque sea una canción de Nickelback, carajo.

NO se puede mantener una conversación lógica directa con la amígdala. Tendrás que negociar CUALQUIER cosa que quieras hacer con la amígdala pasando primero por la PFC. Porque en esos momentos la amígdala está en modo protección (o en modo terrorista, depende de la paciencia que tengas en ese momento con sus tonterías) y está al mando. Este es el momento que podemos aprovechar para volver a estabilizarnos y restablecer nuestra sensación de seguridad. Si conseguimos que la PFC se infiltre y pause la canción, podremos negociar con la amígdala para que se relaje de una pinche vez, se haga a un lado y deje que los adultos retomen su trabajo.

Sí, con el tiempo podrás llegar a pensar y hacer otras cosas. Pero primero tendrás que reeducar tu cerebro.

Esa respuesta al trauma no apareció de la noche a la mañana, ¿verdad? Seguramente no te fuiste un día a la cama estando de poca madre y al día siguiente te despertaste con todas esas molestias. Tu cerebro fue tejiendo su red de respuestas con base en la información recopilada a lo largo del tiempo, así que aprender a calmar tu pinche cabeza también te llevará un tiempo.

Algunos días serán mejores que otros. Puede que lo estés haciendo de poca madre y, de repente, te des de bruces contra una pared y te caiga encima una tormenta de ¡¿pero qué chingados acaba de pasar?!

Esos días son una pinche mierda, ¿verdad?

Pero nada de todo esto te convierte en un fracasado, solo significa que todavía estás inmerso en el proceso. Tal y como les digo siempre a mis pacientes, «De verdad que al final todo irá bien. Y si todavía no va todo bien, significa que esto no es el final».

Además, los momentos en que todo va bien nos permiten respirar un poco y descansar para recargar las pilas antes de la siguiente batalla contra esa ansiedad que se empeña en darnos una paliza de cuidado. Okey, técnicamente no se dice así, pero debería.

La clave para conseguir que toda esa situación funcione consiste en practicar estas técnicas cuando el cerebro no esté en modo imbécil en vez de intentar aprenderlas cuando estás hasta la madre de estrés. Probar esas nuevas técnicas para calmarte y estas estrategias de afrontamiento cuando sientes que eres la mejor versión de ti mismo puede ayudarte a averiguar cuáles son las más indicadas para ti.

Porque, como bien sabes, retomar el control de tu cerebro cuando la amígdala toma las riendas es muy difícil.

Conozco un dicho muy apropiado: «Los aficionados practican hasta que consiguen hacerlo bien, mientras que los expertos practican hasta que dejan de equivocarse». No es que esté intentando ponerme en modo Zen koan indescifrable... pero la idea es que, para llegar al Carnegie Hall, hay que practicar, practicar y practicar. Demostrar que eres capaz de hacer algo una sola vez es fácil, pero ser tan bueno que conseguirlo se convierta en un acto reflejo ya es mucho más difícil.

Pero en eso consiste reprogramar nuestra respuesta al trauma. Si logras hacerlo muy a menudo, acabará convirtiéndose en *algo que haces sin más*. Los miércoles vestimos de rosa. Y cuando algo desencadena nuestra respuesta al trauma, utilizamos las chingadas estrategias de afrontamiento.

Si pruebas las estrategias de afrontamiento cuando NO estás en modo perder la cabeza, te resultará más fácil recurrir a ellas cuando sí lo estés. Tener personas a tu alrededor con las que te sientas seguro y que puedan ayudarte a usar tus estrategias de afrontamiento positivas puede ser un factor inestimable.

Es probable que tengas la sensación de que el pánico siempre aparece en el peor momento posible, por ejemplo, cuando estás en la autopista manejando solo. Así que disponer de un conjunto de estrategias de afrontamiento sencillas y de unas cuantas un poco más complicadas puede llegar a tener un valor incalculable. Puede que optes, literalmente, por un talismán (una piedra que puedas llevar contigo), por un mantra que puedas ir repitiendo o por unas tarjetas de afrontamiento que a continuación te explicaré cómo hacer. Sí, son cursis a más no poder. Pero FUNCIONAN tan requetebién que tengo que compartir la idea.

PASA A LA ACCIÓN
Haz unas tarjetas de afrontamiento

El problema con todas las estrategias de afrontamiento que te explicaré más abajo consiste en que lo más probable es que no consigas acordarte de ellas en el momento en que más las necesites, por lo menos al principio. Así que cuando encuentres un mantra, un ejercicio de anclaje, un hecho sobre la ansiedad o cualquier frase, imagen o acción que te ayude, escríbelo en una tarjeta. Luego perfora todas las tarjetas, colócalas en un aro o gancho para llaves, y tendrás tu propio juego de tarjetas de afrontamiento para que puedas hojearlo cuando te invada el pánico.

Suena a una estrategia muy de cerebritos, lo sé. Pero tuve muchos pacientes que acabaron adorando sus tarjetas y usándolas un montón. Son una manera de recordar a la PFC que tiene que tomar el mando de la situación y anclarse en la realidad. Sí, es una cursilada con extra de salsa de cursi, pero resulta efectivo cuando estamos en proceso de reprogramar activamente todas las tonterías del cerebro.

Técnicas de anclaje

Muchas veces la gente me pide que le enseñe *una única técnica*. Tanto terapeutas novatos, como familias de acogida primerizas y personal de emergencia, que no son terapeutas, pero que a menudo tienen que ayudar a otras personas a lidiar con una crisis de salud mental, suelen preguntarme: «¿Cuál es la técnica universal que cualquiera puede utilizar para ayudar a alguien que la está pasando mal?». Y la mejor respuesta que se me ocurre es ayudar a esa persona a anclarse de nuevo a su cuerpo y al presente.

Cuando alguna cosa desencadena una respuesta al trauma, el cerebro se pone a revivir el evento pasado en vez de responder ante el momento presente. Las técnicas de anclaje te ayudarán a regresar a tu cuerpo y al momento presente en vez de ponerte a revivir tus recuerdos. Las técnicas de anclaje son una de las mejores maneras de lidiar con el dolor emocional porque te ayudan a mantenerte en el presente y a recordar que el dolor que estás sintiendo está basado en un recuerdo y que ahora no puede hacerte ningún daño. Mis pacientes no dejan de decirme que utilizan un montón esta técnica.

Algunas personas no quieren desentrañar su historia y procesar su trauma. No pasa nada. Pero todo el mundo quiere encontrar la manera de poder lidiar con toda la mierda que se le viene encima cuando experimenta una reacción al trauma, y las técnicas de anclaje suelen ser de gran ayuda. En serio, es la mejor manera de decir «Ey, amígdala, pisa el freno, carajo».

Anclaje mental

Las técnicas de anclaje mental tienen como objetivo mantenerte en el presente obligándote a centrarte en tu situación actual y en tu entorno. Para ello puedes valerte de mantras o hacer listas. Y sí, puedes decirlos en voz alta, tanto para ti mismo como a otra persona. Si estás en el autobús y no quieres llamar la atención, puedes recitar la lista mentalmente o murmurarla en voz baja. Lo que te funcione mejor. (... Si te pones auriculares, la gente asumirá que estás cantando por lo bajito y no que estás respondiendo ante un estímulo interno).

Por ejemplo, podrías listar todos los colores que ves a tu alrededor o describir cualquier objeto que tengas en la mano.

También podrías repetirte una frase que te transmita seguridad una y otra vez. Hace poco una persona me dijo la frase que usaba y pasó a convertirse en una de mis favoritas: «¡AL DIABLO CONTIGO, AMÍGDALA!». ¡Por lo visto, a esa persona le funciona de maravilla!

Algunas personas prefieren jugar a las categorías, es decir, enumerar todas sus películas o libros favoritos o cualquier cosa que requiera desviar la atención.

Otras se ponen a repasar su agenda del día, ya sea mentalmente o en voz alta, o los pasos que tendrán que seguir para hacer algo en concreto.

Todas esas técnicas de anclaje mental son maneras de recordarle a tu cerebro dónde estás en ese momento y a ti mismo que tienes más control de lo que crees sobre lo que ocurre en tu interior una vez activado el botón del pánico.

Anclaje físico

Cuando somos pequeños nos pasamos el día anclados a nuestros cuerpos y experiencias. Hasta que somos un poco mayores descubrimos que podemos tener el cuerpo en un sitio y la mente en otro. Eso se convierte en una fiesta cuando tu cuerpo está en clase de matemáticas, pero en tu mente estás en el parque. Pero a medida que nos vamos haciendo mayores, eso puede convertirse en un problema. ¿Alguna vez llegaste a casa sin recordar en absoluto nada del trayecto que hiciste para llegar hasta ahí? Las técnicas de anclaje físico son maneras de recordarnos que estamos dentro de nuestros cuerpos y que somos dueños de esa experiencia.

Una de las cosas que podemos hacer para anclarnos físicamente es tomar consciencia de nuestra respiración. Solo tienes que prestar atención a tu respiración, inhalar, exhalar. Cuando detectes que tu mente empieza a divagar, recuérdate que tienes que volver a centrarte en la respiración.

También podrías intentar caminar y prestar atención a cada uno de tus pasos. Si notas que al caminar sigues teniendo pensamientos obsesivos, intenta sostener una cuchara llena de agua mientras caminas y concéntrate en intentar no derramar ni una sola gota.

Toca los objetos que tienes a tu alrededor.

A veces los objetos sensoriales pueden resultar especialmente relajantes. Normalmente los usan las personas que responden de manera diferente a nivel neurológico (ya sabes, personas que tienen, el cerebro programado dentro del espectro autista), pero pueden ayudar a cualquiera. Cosas como una bolita de algodón con aceite de lavanda guardada dentro de un recipiente hermético que puedas abrir y oler para desencadenar una respuesta tranquilizadora. Algo para masticar (como chicle o cecina). Plastilina que puedas estrujar, botellas de diamantina que puedas agitar, un talismán que puedas llevar en el bolsillo, como una piedra pulida o algo que tenga algún significado espiritual para ti. Un anillo al que puedas dar vueltas cuando lo lleves puesto.

Ponte a saltar.

Procura que los pies toquen directamente el suelo. Intenta quitarte los zapatos y sentir el suelo bajo tus pies.

Come algo poco a poco y presta atención a todos los sabores y texturas. Las uvas y las pasas funcionan muy bien para este ejercicio. ¿Y sabes que es lo más curioso? Que a las personas a las que ni siquiera les gustan las pasas (como a mí) no les importa comerlas para esta técnica de anclaje.

Si te sientes seguro cuando te tocan, pídele a alguien de confianza que te ponga las manos sobre los hombros y te recuerde con delicadeza que tienes que quedarte dentro de tu cuerpo.

Si en tu caso el contacto humano no empeora las cosas, dale un abrazo a alguien. Ve a que te den un masaje. Acurrúcate con tu pareja. Tocar y ser tocado libera oxitocina. El contacto humano también es bueno para el corazón y el sistema inmunitario. Así que dale.

Anclaje tranquilizador

El anclaje tranquilizador consiste básicamente en mostrar autocompasión y cuidar de nosotros mismos en una situación difícil. Piensa en cualquier cosa que te haga sentir mejor. Visualiza algo que te guste, como la playa o una puesta de sol. ¿Qué me dices de una puesta de sol en la playa? De poca madre. Recuerda algún lugar donde te sentiste seguro e imagínate que estás rodeado de esa seguridad.

Planifica una actividad o una recompensa a corto plazo que te haga ilusión, por ejemplo, comprarte una madalena en tu panadería favorita, darte un baño, ver una película que ya hayas visto cien veces, pero que aun así sigue encantándote, ver un partido de beisbol con un bol de palomitas, o dar un paseo por tu parque favorito. Lleva contigo imágenes de personas y lugares que te importan y concéntrate en estas imágenes.

Puedes ir jugando con todas estas diferentes técnicas de anclaje y perfeccionar las que te funcionen mejor cuando estás más angustiado. Si tienes curiosidad por profundizar en este tema, tal vez quieras echarles un vistazo a algunas de las lecturas recomendadas que encontrarás al final del libro.

Pero ¿sabes qué es lo más importante? Que tienes toda esta mierda bajo control. El cerebro hizo su trabajo y te mantuvo a salvo, y ahora estás listo para volver a tomar las riendas y seguir adelante con tu vida. ¿No es fantástico?

Pedir ayuda para anclarte

Si tienes a alguien que te esté apoyando en este proceso, pásale esta información y pídele que te ayude con el reanclaje.

Si estás leyendo este libro para saber cómo ayudar a alguien a quien le está costando probar nuevas estrategias de afrontamiento, podrías ofrecerle tu ayuda con delicadeza o incluso servirle de ejemplo sin decirle directamente: «Ey, voy a ayudarte a arreglar tu jodido cerebro ahora mismo». Por ejemplo, a veces pongo unas gotas de aceites esenciales en el difusor de mi oficina y les digo a mis pacientes que se concentren en la fragancia. Suelo ir descalza, así que les explico lo mucho que me gusta notar el suelo bajo mis pies. Puede que me ponga a hablarles de los colores de las paredes, de las texturas de las mantas de la habitación y de los objetos sensoriales que tengo para los niños que también entusiasman a los adultos.

Si percibo una respuesta de pánico en algún amigo o familiar al que conozco lo bastante bien como para tocarlo cuando se le activa un desencadenante, es probable que le ponga las manos sobre los hombros y se los apriete un poco mientras le voy contando todo lo que ocurre a nuestro alrededor.

Muchos terapeutas están empezando a utilizar las herramientas sensoriales que los terapeutas ocupacionales llevan décadas mencionando. Puede que una pequeña manta con peso del tamaño justo para colocarla sobre el regazo, en los pies o alrededor del cuello también te resulte muy útil.

Meditación consciente

Está bien, antes que nada, vamos a empezar por definir los conceptos. Tenemos tendencia a utilizar las palabras «meditación» y «consciencia plena» como términos intercambiables. O puede que no los intercambiemos, pero aun así nos resulten confusos de a madres. En principio no deberían ser términos intercambiables, pero tampoco deberían ser tan confusos.

La *meditación* es cuando te reservas adrede algo de tiempo para hacer alguna cosa que te gusta. Existen muchas maneras de meditar (rezar, hacer ejercicio, crear arte, etcétera).

La *consciencia plena* consiste en ser consciente del mundo en general (prestando especial atención a tu existencia y a la de todo lo que te rodea) Y A LA VEZ es una práctica de meditación formal. Son dos cosas, no una sola.

Es decir, puedes meditar sin ser muy consciente de nada y también puedes tomar consciencia del mundo que te rodea sin meditar. Pero la meditación y la consciencia plena se sobreponen cuando practicamos la *meditación consciente*, es decir, cuando nos reservamos adrede algo de tiempo para centrarnos en tomar consciencia del mundo que nos rodea... incluyendo el funcionamiento de nuestra mente.

En la lista de lecturas recomendadas incluí algunos de mis libros favoritos sobre el tema. Hay personas que saben muchísimo más que yo sobre todo esto. Pero aquí van algunas pautas básicas para ayudarte a empezar.

- *Siéntate con la espalda recta. Si puedes hacerlo sin apoyarte en nada, por ejemplo, sentándote sobre un cojín en el suelo, bien por ti. Si necesitas una silla con un respaldo recto, úsala. Y si no puedes sentarte, tampoco pasa nada. Ponte en la posición que te resulte más cómoda. Siempre recomiendo que es mejor sentarse en vez de tumbarse, ya que el ejercicio consiste en despertarse, no en dormirse. Pero también se trata de no morirse de dolor, así que no te estreses.*
- *Relaja los ojos, pero sin llegar a cerrarlos, mantenlos abiertos, pero sin fijar la vista en nada. Ya sabes a lo que me refiero. Desconéctate a nivel visual porque a lo que realmente tienes que prestar atención es a tu interior.*
- *Y ahora inhala y exhala, y concéntrate en tu respiración. Si es la primera vez que lo haces, seguramente te parecerá extraño y difícil. Pero la verdad es que, por mucho que lo hayas hecho tropecientas veces, lo más probable es que siga pareciéndote extraño y difícil.*
- *Si notas que te distraes por alguna cosa, ponle la etiqueta de «pensamiento» y vuelve a centrarte en la respiración. Que te asalte algún pensamiento no significa que hayas fracasado. Seguro te ocurre. Lo importante es que te des cuenta de que tu mente se desvió y que vuelvas a reconducirla al momento presente. Toda una victoria.*

Muchas personas se frustran al empezar a meditar porque creen que, como sus pensamientos las distraen continuamente, se les da fatal. Pero no pasa nada. No es más que tu cerebro muriéndose de ganas de narrar una historia. Seguramente te vendrán a la mente un montón de cosas que distraerán tu atención. Puede que te pongas a pensar en qué hacer para cenar, o en una conversación que hayas mantenido en el trabajo, o en si deberías comprarte unos tacones nuevos para ir al cine este fin de semana.

Porque la configuración predeterminada del cerebro es ponerse en modo narrador, ¿recuerdas? Y como no te estará distrayendo ningún elemento externo, el modo por defecto se morirá de ganas de contarte todo tipo de historias. Pero verás, lo que ocurre con la meditación consciente... es que los estudios demuestran que altera el proceso narrativo de la configuración predeterminada. Y eso que hasta hace nada pensábamos que la única manera de conseguirlo era distrayéndonos con estímulos y sucesos exteriores.

Ni siquiera voy a molestarme en fingir que esta mierda de la meditación consciente es fácil de practicar cuando te sientes ansioso. Pero es importante que por lo menos lo intentemos. Porque los ataques de pánico en parte son provocados por las historias que nos cuenta el cerebro sobre el ataque propiamente dicho, y no suele ser una historia muy bonita. Porque las sustancias químicas que se liberan durante los ataques de pánico o ansiedad están diseñadas para acelerar la respiración y provocar que el corazón vaya a toda máquina. O sea, tu cerebro insiste en que estás a punto de tener un ataque al corazón o dejar de respirar. Pero en realidad no va a ocurrir nada de eso. Cuando detectes este tipo de pensamientos, recuérdate que solo se trata de una respuesta bioquímica, no de una realidad. Sigue respirando. El esfuerzo continuo y consciente por respirar y desestresarte te hará disminuir el ritmo cardiaco y te ayudará a aumentar la circulación de oxígeno. Es tal cual una medida química compensatoria. La meditación libera todas las sustancias químicas que pueden contrarrestar nuestro cerebro jodido: dopamina, serotonina, oxitocina Y TAMBIÉN endorfinas. Y sale mucho más barato que apuntarse a *Crossfit*. Seis mil años de práctica budista tienen que servir para algo, ¿no? Trata tus reacciones corporales como si fueran un pensamiento aleatorio. Es bastante normal que empieces a sentir picores. Si de repente notas que te pica algo, califícalo de *pensamiento* tres veces antes de sucumbir a la necesidad de rascarte. Seguramente te sorprenderán las cosas que tu cerebro es capaz de inventarse para romperte la concentración. Cuando empecé a meditar, tenía que limpiarme el escurrimiento nasal constantemente. Pero mi instructora de meditación fue más lista que la asombrosa habilidad que yo demostraba para distraerme a mí misma y procuró tener pañuelos siempre a la mano junto a su cojín para poder dármelos. No dejaba que me levantara. Simple, utilizaba el pañuelo y enseguida volvía a mis ejercicios de respiración. Aunque, por supuesto, si en algún momento empiezas a sentir dolor, no lo ignores. Recolócate para estar más cómodo y no te hagas el héroe.

Si tienes a alguien que te esté ayudando con todo el proceso, puedes pedirle que te recuerde que tienes que centrarte en tu consciencia plena diciendo algo como «Ey, ¿qué te está pasando ahora mismo por la cabeza?», o que te ayude a relajarte progresivamente diciendo cosas como «Okey, empecemos por las manos. Las tienes muy tensas, ¿podrías extender los dedos en vez de cerrarlos en un puño?». A veces meditar es mucho más factible cuando alguien lo hace contigo; te sientes más apoyado y resulta mucho más fácil centrarse.

Rezar

Está bien, acabamos de definir qué es la meditación consciente, ¿verdad? La meditación no es más que *escuchar*. Meditar es el proceso de guardar suficiente silencio como para escuchar lo que ocurre en nuestro interior. Al cerebro se le da de maravilla charlar sin parar, y a menudo le contestamos sin detenernos primero a escucharlo. Meditar es tener la voluntad de escucharte a ti mismo antes de hablar.

¿Y todo esto qué tiene que ver con rezar? Puede que estés poniendo los ojos en blanco mientras me lees, lo sé. ¿Rezar? Pero si no soy creyente. Sin embargo, en nuestra cultura, cuando decimos «rezar», en realidad nos referimos simplemente a *hablar*. Conversar con nosotros mismos o con algo mucho más grande que nosotros sobre nuestras carencias, necesidades, deseos e intenciones. ¿Recuerdas lo del cerebro narrador? Pues rezar es un mecanismo natural del cerebro narrador. Explicar la situación en la que nos encontramos con este método puede tener mucho más impacto que hablar con un amigo, un familiar o un terapeuta. Es una experiencia de anclaje que nos ayuda a tomar más consciencia de nuestros pensamientos, sentimientos y comportamientos. Esto es lo que está ocurriendo. Esto es lo que quiero. Esta es la ayuda que necesito.

Música

Porque, ¿a quién no le gusta la música? Solo a las mismas personas que odian el olor del pan casero recién hecho y que no entienden lo adorablemente suaves que son las crías de perezoso.

¿Sabes cuántas horas de música escuchamos al día? Unas CUATRO pinche HORAS. La música es primordial. Los científicos del MIT consiguieron demostrar hace poco que tenemos unas neuronas específicas en el cerebro que solo prestan atención a la música e ignoran todos los demás sonidos. Los cerebros tienen salas de música. Incluso podría ser que la música ya existiera antes que el habla, y que de hecho la música fuera el motivo por el que desarrolláramos el habla... para acompañarla. Piensa en lo mucho que la arquitectura antigua se preocupaba por nuestras necesidades musicales. En todas las culturas se diseñaron espacios de culto alrededor de nuestra necesidad de crear música en comunión.

La música es primordial y comunal.

Cada uno utiliza la música de manera distinta. Algunas personas prefieren escuchar música tranquila cuando están angustiadas. Otras optan por escuchar canciones estridentes a todo volumen a juego con lo que sienten en su interior. En cambio, otras prefieren canciones animadas y bailables para poder tener su momento *Ellen*.

En mi caso, crecí escuchando viejos vinilos de *blues* mientras los demás niños menos raritos que yo veían *Plaza Sésamo*. ¿A que no adivinas qué tipo de música me tranquiliza más? Los viejos vinilos de *blues*. Y cuando necesito animarme un poco, pongo las canciones con las que hago ejercicio. Tienen una cadencia que me ayuda a conectar con el movimiento físico. Suelo ponerlas para bailar por la casa mientras limpio o incluso para prepararme mientras manejo de camino a un evento.

¿Y a ti qué te funciona?

Saber qué tipo de música ayuda a tu cerebro a conectar con un estado de relajación o vigorizante, pero no de pánico, puede llegar a ser muy beneficioso. Sobre todo ahora que todo el mundo, incluso esas crías de perezoso, tiene teléfonos inteligentes capaces de reproducir cualquier lista de canciones. Así que créate un par de listas de reproducción. Reflexiona sobre cuáles son tus canciones. ¿Cuál es tu canción de lucha? ¿Y tu himno personal? ¿Qué canción refleja la mejor versión de ti mismo? ¿Cuál te recuerda que vale la pena vivir? Tenlas listas para poder reproducirlas siempre que las necesites.

Ejercicios de autocompasión

La autocompasión es lo contrario a la autoestima. La autoestima proviene del exterior. ¿Que sacaste una buena calificación en un examen? Seguramente tu autoestima subirá por las nubes. ¿Que la cagaste, pero bien? Probablemente tu autoestima se hundirá en la mierda. La autocompasión consiste en tratarte a ti mismo igual de bien que tratarías a tu mejor amigo. Se trata de honrar a propósito nuestras imperfecciones como seres humanos. Sin embargo, eso no significa que, si la cagamos, podamos salirnos con la nuestra o que tengamos una excusa para ser unos cabrones. De hecho, las personas más autocompasivas suelen estar muy motivadas para ser buenos seres humanos, porque creen que son merecedoras de hacer ese esfuerzo.

Trátate con amabilidad, comprensión y respeto. ¿Qué dirías si todo eso le estuviera ocurriendo a tu mejor amigo? ¿Qué te diría Buda?

Siempre que explico los ejercicios de autocompasión de Kristin Neff y Christopher Germer (echa un vistazo a la sección de lecturas recomendadas para saber más sobre su trabajo) soy testigo de cosas extraordinarias. La primera vez fue dando clase en un aula llena de terapeutas que estaban realizando sus doctorados. Además, una de las presentes también era médica.

Bueno, ya te lo puedes imaginar: una sala llena de triunfadores, de personas centradas y fuertes. Les pedí que se pusieran la mano sobre el corazón y que se recordaran que ellos también sufrían. Y que ese sufrimiento forma parte de la condición humana. Luego les dije que se dieran permiso para ser amables con ellos mismos y se perdonaran sus imperfecciones.

¿Sabes qué ocurrió con la terapeuta pretenciosa/médica/doctora que mencioné hace un momento? Pues que cuando hizo el ejercicio, se le salieron las lágrimas y recorrieron su rostro. Esa persona tan alucinante nunca se había tomado un momento para mostrarse a sí misma el mismo nivel de compasión que a los individuos con los que trabajaba.

Inténtalo.

Ponte la mano sobre el corazón y expresa en voz alta tu experiencia con el sufrimiento. Recuérdate que el sufrimiento forma parte de la experiencia humana. Repítete que mereces amabilidad y perdón, y que eso empieza en tu interior.

Mantras/autoafirmaciones positivas

¿A que solo con leer estas palabras te sientes un poco como Stuart Smalley? Siempre que recurro a las autoafirmaciones positivas me siento bastante cursi, pero la verdad es que FUNCIONAN. Piensa que es como si te pusieras a hablar por encima del audio de mierda que la amígdala tiene puesto a todo volumen.

Sí, sé que en este momento estás perdiendo la cabeza. Pero tarde o temprano se te pasará y luego te sentirás mejor. Sigue respirando.

Tú puedes. Tal vez no te lo parezca, pero tu tasa de superación de mierdas del tamaño de un piano es del 100%. Y no vas a romper la racha ahora.

¿Sabes qué es una chingadera? Esto que estás experimentando ahora mismo. Pero ¿sabes que podría ayudarte?

Saber que no es permanente. Y que sin duda te mereces una galleta por haber conseguido lidiar con eso. Puedes escribir tus afirmaciones positivas en una tarjeta de afrontamiento en caso de que hayas decidido hacerte tu propio juego. Además, este es uno de los ejercicios con los que puedes pedir ayuda. Revela a las personas que te apoyan cuáles son tus mantras y pídeles que te los recuerden cuando estés en apuros.

Ejercicio físico

Lo sé, lo sé. Al diablo con el *Crossfit* y a los licuados de espinacas. Pero el ejercicio libera endorfinas. Y, ¿en resumen? Las endorfinas tienen habilidades ninjas... bloquean la percepción del dolor y mejoran los pensamientos positivos... y ambas cosas contrarrestan la respuesta al estrés. Lo que significa que todas esas personas que están súper en forma y que afirman que a veces les da la euforia del corredor en realidad no están mintiendo. Puede que sean unos raritos de la naturaleza. Pero dicen la verdad.

Tienes todo el derecho del mundo a elegir qué tipo de ejercicio toleras mejor. A mí no me gusta mucho sudar y terminar físicamente agotada en nombre de la salud. Pero mi médico me dijo que agacharme para agarrar una galleta no contaba como sentadilla, así que tuve que buscarme OTRO EJERCICIO. Me gusta nadar, caminar, hacer senderismo... este tipo de ejercicio me relaja mucho más y me permite meditar mejor que cualquier deporte de equipo competitivo (pero si es lo que te va...

¡pues adelante, rarito!). Me la paso todavía mejor cuando hago senderismo con mi mejor amiga. No solo hacemos ejercicio, sino que durante el trayecto hablamos pestes sobre todos nuestros conocidos.

Encuentra algún tipo de ejercicio que no te parezca una mierda. Puede ser todo lo intenso o suave que quieras, pero prueba con varios. Muchos gimnasios ofrecen una clase o una semana de prueba gratis, así que aprovecha. Tengo una paciente que se enamoró del boxeo tras hacer una sola clase de prueba. Es un buen ejercicio Y ADEMÁS la ayudó a sentirse más empoderada y a tener una mayor sensación de control sobre sus experiencias.

Sal de casa

A veces cualquier cosa se nos hace una montaña. Bastante nos cuesta salir de la cama, así que ni de chiste vamos a ponernos a meditar, a hacer ejercicio o cualquier otra tontería.

Si no te sientes con ánimos de hacer nada, intenta por lo menos salir para que te dé el sol. Aunque solo salgas a sentarte en un banco para tomarte el café de la tarde. El sol incrementa la producción de vitamina D y serotonina. Ambas sustancias te darán un empujoncito químico sin que tengas que tomarte ninguna pastilla. Cuesta estar sentado bajo los rayos del sol y sentirse como una mierda. Créeme, lo he intentado, y siempre acabo animándome a pesar de mí misma.

Si vives en un lugar gris y plomizo, tal vez sea una buena idea invertir en una lámpara que emita una luz parecida a la solar para tu espacio de trabajo. Cuando mi hermano se fue de Texas para estudiar en una universidad de la costa este, empezó a sufrir un trastorno afectivo estacional (TAE). Y todo el problema sucedió a raíz de que no estaba recibiendo suficiente luz solar como para afrontar aquella tristeza subyacente. Pero en cuanto se compró una de esas lámparas, notó un gran cambio.

Cuando estés listo: recordar y pasar el duelo

Cuando ya tengas dominados unos cuantos ejercicios que te ayuden a lidiar con las respuestas que hasta ahora te controlaban, podrías empezar a pensar en resolver tu historia.

Eso de dominar unas cuantas estrategias de afrontamiento es fundamental. Muchas personas se sienten obligadas a hablar de lo que les ocurre sin tener ninguna herramienta que les haga sentirse seguras durante el proceso. Esa situación es un desencadenante brutal y lo único que consigue es volver a traumatizarlas.

Así que solo debes utilizar las técnicas que te explicaré a continuación cuando estés preparado y en el caso de que alguna vez sientas que contar tu historia te ayudará a seguir adelante, acompañado de alguna persona que te apoye durante esa experiencia.

Escribir o llevar un diario

Escribir o llevar un diario, sobre todo si te tomas tu tiempo para hacerlo deliberadamente, puede ser un buen comienzo para compartir tu historia. Puede que al hacerlo emerjan sentimientos que no sabías que llevabas dentro o que necesitabas sacar. Aquí tienes algunas ideas para empezar:

- Utiliza un libro de ejercicios que incluya ideas específicamente relacionadas con tu situación. Por ejemplo, muchas personas que tuvieron que lidiar con traumas relacionados con el abuso sexual infantil afirman que los ejercicios de escritura del libro *El coraje de sanar,* de Ellen Bass y Laura Davis, les resultaron muy útiles. Algunos de mis pacientes completan los ejercicios entre sesión y sesión y luego analizamos juntos lo que escribieron.
- Escribe cartas a otras personas. No son para que se las envíes, sino para que reflexiones sobre lo que les dirías si pudieras. Pueden ser cartas dirigidas a personas que te hicieron daño, o a personas que quieres, pero que no entienden por lo que estás pasando. Comprender lo que te gustaría que estas personas supieran podría ser un buen punto de partida para que tú mismo entiendas mejor tu propio proceso, y tal vez para iniciar una nueva conversación con ellos si es posible.
- Escribe una carta para tu yo del futuro. Explica todo lo que tuviste que pasar para llegar a ese futuro

mucho más saludable que tanto te estás esforzando en alcanzar. Enumera todo lo que tuviste que superar y cómo lo hiciste... como si ya lo hubieras hecho. Puede que lo que te venga a la cabeza te sorprenda.

Cuenta tu historia

Simplemente se trata de hablar de tu trauma y de todo lo que afectó en tu vida tal y como tú lo recuerdes y lo percibas. No se trata de contar la verdad absoluta, sino la historia que durante tanto tiempo has llevado dentro y ha afectado la programación de tu cerebro.

Ya hablamos de que el cerebro es un narrador. Crear una nueva historia significa, en primer lugar, comprender la que llevamos dentro. A veces esta historia acaba sorprendiéndonos. A menudo no nos damos cuenta de todas las cosas horribles que nos decimos a nosotros mismos hasta que las expresamos en voz alta.

Gran parte de la terapia del trauma consiste en preparar a las personas para que puedan enfrentarse a esta parte del proceso. Aunque muchas personas consiguen hacerlo con la ayuda de amigos, familiares u otros seres queridos. A pesar de que la terapia de grupo tiene muchos beneficios, seguramente no es el mejor espacio para contar los detalles de tu historia, ya que podría desencadenar respuestas traumáticas en otros miembros del grupo. Durante la época en la que dirigí terapias de grupo, elegíamos un título para cada sesión (por ejemplo, «el momento en que ocurrió la violación») cuando procesábamos cuestiones relacionadas con el suceso en cuestión, pero nunca se discutían los detalles durante la sesión grupal.

El proceso de compartir la historia suele empezar con un terapeuta cualificado... simplemente porque tenemos las habilidades necesarias para proporcionar un espacio a nuestros pacientes y para poder sentarnos junto a ellos y procesar cualquier emoción que expresen sin emitir ningún tipo de juicio ni sentencia y sin que se activen nuestros propios desencadenantes.

Pero si prefieres mantener esta conversación con un amigo, familiar o cualquier otro ser querido, solo tienes que tener en cuenta que esa otra persona podría estar lidiando con sus propias situaciones. Puede que en ese momento en concreto no sean capaces de lidiar con tus problemas, y no pasa nada. O puede que crean que sí pueden y a mitad de la historia se den cuenta de que se les está activando un desencadenante. Antes de empezar la conversación, asegúrale que tiene total libertad de pedirte que te detengas en cualquier momento. También es bastante habitual que la gente comparta primero su historia con un terapeuta y que luego invite a un ser querido a una sesión para explicársela en presencia de su terapeuta a fin de que le ayude durante el proceso.

Reestructurar tu historia

Contar nuestra historia de manera coherente puede ayudarnos a darnos cuenta de que hay partes de la historia que no tienen sentido o a verla desde otras perspectivas. Puede que descubramos que en ese disco rayado que escuchamos una y otra vez dentro de nuestra cabeza haya mucho más de lo que creíamos. Eso no hará que las experiencias horribles sean menos horribles, pero tal vez nos ayude a encontrarles un sentido y a avanzar hacia el perdón.

¿Recuerdas que en la sección más científica del libro dijimos que primero tenemos una respuesta emocional y que luego *a posteriori* creamos una historia para respaldarla? Una de las mejores cosas que puedes hacer para acabar con todo esto es *reflexionar sobre tu manera de pensar.*

El cerebro no para de cambiar... y aunque parezca magia, tenemos la capacidad de moldear esa transformación. Sí, el trauma puede modificar nuestra estructura genética, pero esas modificaciones se pueden revertir. Las experiencias vitales nos modifican el ADN constantemente. Si me pusiera en plan «guía de epigenética de la Dra. Faith», tendría material para escribir otro libro; pero, en resumen, lo único que necesitas saber es que no estamos destinados a vivir en una prisión creada por nuestras experiencias pasadas.

1. Piensa en la historia que te cuentas a ti mismo y a los demás. Repasa la historia que compartiste en el ejercicio anterior. ¿Qué aspectos faltan? ¿Qué más deberías incluir?
2. ¿Por qué dirías que esta es la historia de tu supervivencia?

3. ¿Quiénes son los demás personajes buenos de la historia?, ¿las personas que te cuidan y te ayudan? ¿Qué hicieron esas personas exactamente y cómo lo hicieron?

4. ¿Y qué hay de las cosas que hiciste pero de las que no te sientes orgulloso? ¿Por qué en aquel momento de tu vida te parecieron las mejores decisiones que podías tomar? ¿Qué lecciones aprendiste que puedas utilizar en un futuro?

Volver al ruedo: reconectar

Reconectar significa volver a conectar con nosotros mismos y el mundo que nos rodea. Solo así conseguiremos volver a comprometernos, hacer las paces con nuestro cerebro y vivir una vida plena. Esta parte del proceso puede ser todo un reto, porque a veces nos vemos obligados a hacerla antes de estar listos... antes de sentirnos seguros. Y es evidente que no funciona así. Cuando te sientes obligado a reconectar por voluntad ajena, se crea otro tipo de trauma... porque te encuentras en una situación en la que te arrebatan el poder de decisión nuevamente.

Ponte a reconectar cuando estés PREPARADO. Y sí, puede que tengas que darte un pequeño empujón para empezar. Pero ahora dispones de estrategias de afrontamiento y ejercicios de anclaje para recordarte que estás a salvo.

Tú puedes.

Utiliza tu historia para crear algo significativo

Las personas más sanas son las que encuentran significado en medio del caos. Las que siempre consiguen ver el lado bueno de las cosas por muy malas que sean. No minimizan las cosas horribles que les sucedieron con frases de mierda tipo «Oh, ocurrió por voluntad divina, seguro podemos sacar una lección de todo eso». Porque si Dios quisiera que aprendieran algo, estoy segura de que sería capaz de encontrar una manera mucho más fácil de hacerlo.

Pero ciertamente podemos sacar fuerza y resiliencia de los terribles sucesos que hayamos vivido. Pueden ayudarnos a ser mejores seres humanos, más fuertes, más compasivos y más comprometidos.

1. *Aprende de tu pasado.* Tienes que aprender de tu pasado, no del bucle en el que tu cerebro intenta que vivas. ¿Qué lecciones aprendiste que quieras utilizar en un futuro? ¿Qué aprendiste de ti mismo y de tu capacidad para sobrevivir y sanar? ¿De qué podrías deshacerte para seguir avanzando?
2. *Aprende de tu futuro.* Sabes hacia dónde quieres ir y qué tipo de persona quieres ser. Pregúntale a ese yo futuro qué tienes que hacer ahora para poder llegar hasta ahí. Pídele que comparta contigo los secretos de su éxito.
3. *Utiliza todo lo aprendido en tu presente.* Continúa tomando consciencia sobre lo que piensas y cómo piensas. ¿Qué lecciones de tu pasado estás

usando?, ¿y de tu futuro? ¿Qué puedes ofrecer a los demás gracias a lo que viviste? ¿Cómo puedes mostrarles tu apoyo y empatía? ¿Cómo puedes ayudar a los demás a no sentirse solos? ¿Cómo puedes abogar por el cambio en tu comunidad?

Encontrar el perdón

El perdón es una magia potente, intensa y poderosa. Casi todo el mundo cree que encontrar el perdón significa perdonar a aquellos que te hicieron daño. Y en parte es verdad. Pero, según mis observaciones, lo que la gente intenta es más bien perdonarse a SÍ MISMA. La persona con la que están más enojados y de la que están más avergonzados son ELLOS MISMOS. Y llevan cargando años con este peso.

Es de vital importancia que te recuerdes que lo hiciste tan bien como pudiste con la información y las habilidades que tenías en aquel momento. Y es casi igual de importante que recuerdes que las personas que nos hicieron daño también están rotas y jodidas.

Thich Nhat Hanh es un célebre profesor y monje zen vietnamita. Es el hombre a quien Martin Luther King Jr. definió como «un apóstol de la paz y la no violencia» cuando lo nominó para el Premio Nobel de la Paz.

También es un hombre que creció con un padre abusivo. El propio Nhat Hanh explicó que solía imaginarse a su padre como un niño de tres años, antes de que el mundo lo transformara en el hombre iracundo en el que se convirtió posteriormente. Y luego se imaginaba a sí mismo siendo también un niño de tres años sentado delante de su padre. Entonces su yo de tres años sonreía a su padre de tres años, y este le devolvía la sonrisa. Nhat Hanh no lo presenta como un ejercicio de perdón, pero no cabe duda de que lo es. ¿Recuerdas que hace un rato hablamos sobre la autocompasión? La compasión es una parte integral del perdón. Primero hacia nosotros y luego hacia los demás.

Construir relaciones con límites seguros

Nadie tiene la intención de iniciar relaciones de mierda. Pero lo cierto es que tenemos tendencia a estar con personas que nos permiten escuchar el mismo disco rayado una y otra vez. Cuando te adueñas de tu historia, descubres que puedes detener el disco y volver a tomar las riendas de tu cerebro, y en cuanto lo haces, te sorprendes de la cantidad de mierda que estuviste aguantando a tu alrededor.

Con el tiempo serás capaz de marcarte límites claros y de dejar de joder tus relaciones en el proceso. Puede que empieces a sacar a gente de tu vida cuando te des cuenta de que no pueden lidiar con tu nuevo temple. Y eso puede resultar difícil de procesar. Asegúrate de tener personas sanas a tu alrededor que te apoyen a ti y a los límites que decidas poner durante ese proceso de transición.

Si anteriormente violaron tus límites, es posible que no sepas cómo crear límites que no sean demasiado rígidos ni demasiado permeables. Empieza por hacerte las siguientes preguntas:

1. ¿Esta persona me anima a ser la mejor versión de mí mismo o solo paso tiempo con ella porque no quiero estar solo?
2. ¿Estar solo es lo mismo que sentirse solo? En caso de que no lo sea, ¿cómo puedo distinguir entre ambas y lidiar con esas situaciones de manera diferente?
3. ¿Comuniqué (o estoy comunicando) mis límites de manera eficaz o estoy dejando que los demás adivinen lo que quiero?
4. ¿Cuáles son mis límites? ¿Cuáles son los puntos innegociables?, ¿y cuáles son negociables? ¿Hay algo que no me suponga ningún problema?
5. ¿Estos límites fueron cambiando con el tiempo? ¿Podrían cambiar en un futuro?

5
CONSEGUIR AYUDA (PROFESIONAL): OPCIONES DE TRATAMIENTO

Hay muchas maneras de volver a poner en forma el cerebro, y muchas de ellas puedes practicarlas por tu cuenta. Pero a veces no basta con lo que puedes hacer por tu cuenta. Si no estás mejorando —o no lo estás haciendo al ritmo que te gustaría—, tal vez podría resultarte útil buscar la ayuda de alguien que tenga unas habilidades, unos recursos, unas cualificaciones y una perspectiva sobre tu situación que tú no tienes.

Mi intención en esta parte del libro es ayudarte a sopesar distintas maneras de recuperar tu bienestar. Muchas de las cosas que a mi parecer pueden resultar útiles no son muy habituales en la medicina occidental. Aunque, a decir verdad, percibo que esto está cambiando muy deprisa.

Hace unos diez años tuve un paciente al que le recetaron melatonina en vez de Ambien cuando le dieron el alta en el hospital local y creo que incluso chillé de la emoción. El Ambien es un sedativo muy potente que se suele recetar para el insomnio. Puede que hayas escuchado historias de las locuras que la gente llegó a cometer en un episodio de sonambulismo con Ambien. La melatonina en cambio es un suplemento que puedes comprar sin receta. Es una hormona que producimos de manera natural y que nos ayuda a ponernos en sintonía con nuestro ciclo del sueño. Muchas de las personas que toman melatonina descubrieron que no solo les ayuda a dormir, sino también a mantenerse dormidas durante toda la noche, y sin necesidad de recetas, efectos secundarios, ni pagar el precio del Ambien. Este ejemplo en concreto fue uno de los primeros indicios que vi del cambio que se está produciendo en la medicina. Cada vez me encuentro con más profesionales occidentales de la salud (como yo misma) que incorporan tratamientos complementarios y holísticos en sus sesiones o que canalizan a sus pacientes a otros profesionales que dominan dichos tratamientos.

Sí, soy una de esas personas que adoran esta clase de *hippiadas*. Pero solo creo en las *hippiadas basadas en hechos demostrables*. Todos los tratamientos que sugiero tienen un montón de estudios que los apoyan y que puedo mostrar a mis pacientes y a cualquier persona que esté involucrada en su cuidado. Tuve conversaciones alucinantes con médicos de mi comunidad cuando mencioné el tema de implementar terapias complementarias y me ofrecí a compartir todos los estudios que fui recopilando.

A continuación, leerás sobre un montón de *medicinas complementarias*. Y se llaman así por un motivo. La idea es sumar tratamientos, no necesariamente substituirlos. Me formé (y tengo un título) en terapia de conversación tradicional. Y NUNCA sugeriría a nadie que dejara los medicamentos con receta que han ayudado a tantas personas a seguir con vida. Pero también creo en la moderación... ¡incluso en la moderación de la propia moderación! Así que vamos a repasar las diferentes opciones de tratamiento que podrían ayudarte a calmar esa cabeza tan jodida que tienes.

Terapia de conversación tradicional

A ver, sí. Esta terapia es sin duda mi territorio. Soy consejera profesional titulada. Soy una terapeuta conversacional de los pies a la cabeza. La terapia de conversación tiene un gran potencial sanador tanto como apoyo a otros tratamientos como en solitario. Los buenos terapeutas tienen la ventaja de contar con una formación y una perspectiva de tu vida distinta a la que puedas tener tú por el simple hecho de no estar viviendo la misma experiencia, o por lo menos no en el mismo momento. Pueden proporcionarte conocimiento y dirección, e intervenir para ayudarte en tu proceso de recuperación.

Si estás buscando un terapeuta, te recomiendo acudir a un profesional que esté *acreditado*. Los *coach* de vida y otros profesionales titulados similares pueden llegar a hacer un trabajo excelente, pero es probable que no dispongan de los conocimientos y los recursos que tienen los terapeutas para ayudarte con el trabajo emocional más intenso. De hecho, yo misma trabajo con varias personas con esos títulos que quieren asegurarse de que haya alguien disponible por si mientras trabajan con un paciente activan sin querer una respuesta al trauma para la que no están preparados.

Si estás resolviendo algún trauma, busca un terapeuta formado específicamente en trauma y averigua qué tipo de formación y certificaciones tiene. Toda esta información debería aparecer en su página web, y si no es el caso, ¡que no te dé vergüenza preguntar!

Si prefieres un estilo concreto de terapia, por ejemplo, la terapia cognitivo-conductual, busca a alguien con esta formación. Y si para ti es importante que tenga un trasfondo espiritual, ¡asegúrate de comprobarlo!

Medicamentos alopáticos

«Alopático» simplemente hace referencia al tratamiento convencional, a la medicina occidental, a la mierda que ya conocemos, a los medicamentos con receta. Los tratamientos alopáticos no tienen nada de malo, la medicación salva vidas. Si me rompo el brazo, no quiero que me lo unten con hierbas, quiero que me lo recoloquen y me lo enyesen.

Entonces, ¿cuál es el problema? Que como sociedad cada vez apostamos más y más por la medicación como primera (y única) línea de defensa para lidiar con las enfermedades mentales en vez de centrarnos en la raíz del problema. ¿Tienes ansiedad y depresión? No te preocupes, tenemos un medicamento para eso. Y así, en vez de utilizar las pastillas para aliviar los síntomas mientras trabajamos en la raíz del problema, lo único que hacemos es entrar en una rutina que consiste en ir ajustando constantemente la medicación sin proporcionar ningún tipo de apoyo adicional.

Eso provoca que nos sobremediquemos y que tengamos un montón de efectos secundarios, y que a su vez tengamos que tomar más medicamentos para lidiar con esos efectos secundarios. Cada vez nos encontramos con más casos de personas que toman tantos medicamentos que les acaban perjudicando.

Además, los medicamentos no funcionan tan bien como quieren hacernos creer los fabricantes que se gastan miles de millones en publicidad. De hecho, casi todo el mundo deja de tomarse la medicación al cabo de un tiempo precisamente por este motivo. La Organización Mundial de la Salud verificó un estudio a largo plazo que demostraba que, en los países subdesarrollados, en los que ni siquiera hay acceso a medicamentos antipsicóticos, la tasa de recuperación en realidad es mucho MAYOR. Y es que como no disponen de medicamentos, estos no se convierten en el centro del tratamiento. Así que dirigen su atención a la raíz del problema. Procuran crear una sensación de significado y comunidad. Y así es como la gente mejora.

La medicina alopática no tiene que ser (y a menudo no tendría que ser) el objetivo del tratamiento. Pero en algunos casos puede ayudarnos a acelerar el proceso de recuperación. Mi amigo Aaron es médico (sí, un doctor DE VERDAD que puede recetar medicamentos a diferencia de mí, que no hago más que hablar de situaciones extrañas) y utiliza esta analogía:

Imagina que te encuentras en un barco en mitad del océano y que de repente se abre una fuga en el casco. Tal vez colocando una bomba de agua en el pantoque consigas llegar hasta la costa. Tal vez puedas poner la mano debajo del agua y tapar el agujero. Pero seguramente la mejor solución sería utilizar la bomba para bajar el nivel del agua y así poder acceder mejor al agujero. Los medicamentos son la bomba que te mantiene a flote mientras tapas el agujero con la ayuda del terapeuta.

Sí, sí. A veces los medicamentos ayudan. Pero ¿cómo? Si sabemos que las reacciones al trauma modifican la química del cerebro, ¿qué pueden hacer los medicamentos para arreglarlo? Mejor te lo explico con otra analogía del doctor Aaron.

Imagina que estás en una base de las Fuerzas Aéreas. Todo marcha de maravilla hasta que de repente se apagan todas las luces y el radar. Sin duda, aunque unos segundos antes todo estaba bien, no vas a pensar que sigue siendo el caso. Asumirás que te están atacando. Cuando tienes un trastorno del estado de ánimo, es como si la base perdiera la comunicación con el radar y asumiera que te están atacando. Vamos a restablecer las comunicaciones para que tu detector de amenazas, que en principio sigue haciendo su trabajo correctamente, pueda volver a comunicarse con la unidad de respuesta ante amenazas.

El Prozac apareció en 1987, treinta años antes de la publicación de este libro. Fue el primero de los muchos antidepresivos que llegaron al mercado durante los años siguientes. Sin embargo, la tasa de suicidios siguió aumentando en Estados Unidos. Y ese es precisamente el motivo por el cual las analogías del doctor Aaron son tan brillantes. Los medicamentos son una herramienta. Incluso pueden llegar a salvarnos la vida. Pero NO lo curan todo. Y nunca deberían usarse como mecanismo para controlar a las *personas* en vez de los *síntomas*, cosa que cada vez ocurre con más frecuencia. Ciertas poblaciones, por ejemplo, los prisioneros y los menores que forman parte del sistema de acogida, están mucho más medicadas que sus iguales. En mi opinión, eso es una versión muy orwelliana de la sanación.

Hay una tendencia al alza de desconfianza en los medicamentos psiquiátricos alopáticos. Pero uno de los efectos secundarios de esta tendencia es que se ha observado un INCREMENTO del estigma y la vergüenza alrededor de las enfermedades mentales.

Cuanto más podamos hacer para incentivar la capacidad que tiene el cuerpo de adaptarse y sanar, mejor. La medicación puede ser una parte integral de ese proceso, aunque pocas veces sea la única herramienta que utilicemos. Si te informas sobre los medicamentos con receta y abogas por ti mismo, aumentarás muchísimo las posibilidades de que en tu caso se usen correctamente. Algunas páginas web informativas de calidad como la de Mayo Clinic, WebMD y FamilyDoctor pueden proporcionarte material de lectura sobre los distintos tipos de medicamentos destinados a los problemas de salud mental para que puedas tomar una decisión más informada sobre lo que te metes en el cuerpo.

Medicamentos naturopáticos

Ya lo sé, ya lo sé. Que te digan «Toma, muerde este trozo de corteza de árbol» no es muy tranquilizador.

Parte del motivo por el cual los suplementos dietéticos tienen una mala repinchección es porque la mayoría de los que están disponibles en el mercado son una mierda clavada en un palo. Solo en 2015 el fiscal general de Nueva York obligó a analizar un montón de estos productos y mandó una montaña de cartas de cese a empresas de suplementos herbales porque, según los resultados, la mayoría de los productos testados no llevaban ningún ingrediente activo. Además, la Universidad de Guelph, en Canadá, analizó un montón de suplementos y descubrió que llevaban muchos ingredientes que no aparecían listados y que podrían llegar a provocar una respuesta alérgica en los consumidores. O que eran una versión sintética del producto en cuestión y no la hierba extraída o el alimento natural que anunciaban. En general, los productos sintéticos causan más efectos secundarios porque al cuerpo humano le cuesta reconocerlos como nutrientes.

Así que sí, los estudios sobre la eficacia de ciertas hierbas y alimentos son legítimos. Pero luego nos sentimos estúpidos o estafados porque los suplementos no nos funcionan. Precisamente es lo que me ocurrió con un suplemento barato de kava que probé hace años. Me puso irritable de a madres, y no me refiero a solo un poquito. Tuve miedo de volver a tomar kava hasta que tuve más información sobre cómo encontrar y utilizar productos de calidad. Ya tenía la costumbre de informarme superbién de los medicamentos con receta, ¡pero no sé muy bien por qué nunca se me ocurrió tratar los suplementos con el mismo rigor!

Sin embargo, ahora soy una gran defensora de los alimentos naturales y los suplementos herbales para complementar o sustituir los medicamentos con receta. Vale mucho la pena que hables del tema con el profesional de la salud que lleve tu caso. Cada vez hay más médicos occidentales que se suben al carro de la naturopatía, y, además, abundan los profesionales holísticos legítimos.

Para lidiar con el estrés, la ansiedad, la depresión y otros síntomas relacionados con el trauma, disponemos de una gran variedad de métodos eficaces que se han utilizado durante siglos. La kava que mencioné anteriormente es un buen ejemplo. Igual que la hierba de San Juan... y tal vez otras plantas que hayas podido ver en las noticias. Normalmente mis recomendaciones dependen del cuadro específico de cada paciente y de sus reacciones al trauma, pero para hablar de este tema con detenimiento tendría que escribir otro libro entero. Y sí, ¡te prometo que estoy en ello!

Vale MUCHO la pena pedir cita con un herbolario o con un especialista en medicina china o en nutrición clínica antes de arrasar con todos los productos que venden en la tienda de comida saludable de tu barrio. No tienes que pagar programas ni purgas pretenciosas y caras para beneficiarte de las ventajas de los tratamientos naturopáticos.

Otras terapias complementarias

Las terapias complementarias no están pensadas para diagnosticar ni tratar enfermedades. ESTÁN DISEÑADAS para apoyar la capacidad natural del cuerpo de sanar. Me encanta la idea de dar a mi cuerpo y a mi mente lo que necesitan para que puedan cuidarse solos siempre que sea posible. Muchos tratamientos tienen un montón de estudios detrás que apoyan su eficacia. Y muchos de ellos pueden utilizarse o bien en solitario, o bien en combinación con prácticas occidentales (como la terapia de conversación tradicional o los medicamentos alopáticos). Algunas de las más comunes y sobre las que se han hecho más estudios son las siguientes.

Acupresión y acupuntura

La acupresión y la acupuntura utilizan los mismos principios, pero la acupuntura implica clavar agujas en la piel mientras que la acupresión solo implica presionar ciertos puntos en vez de agujerear la piel.

Sin embargo, el funcionamiento de estas dos terapias, ya sea por presión o por agujas, consiste en estimular ciertos puntos del cuerpo para fomentar la sanación o reducir el dolor. Lo más interesante es que cuanto más aprendemos sobre el sistema del nervio vago, más puntos en común encontramos con los bocetos de acupuntura que se realizaron hace cinco mil años. Sabemos que las reacciones al trauma son la respuesta de nuestro cuerpo ante las chingaderas que intenta hacernos el sistema límbico, ¿verdad? Pues gran parte de esta respuesta se comunica al resto del cuerpo a través del sistema del nervio vago que acabo de mencionar. ¡Así que todo eso de clavar agujas en realidad tiene sentido!

Si te interesa combinar la acupresión con la terapia de conversación, debes saber que hay terapeutas que utilizan algunas técnicas de acupresión concretas... sobre todo la técnica de liberación emocional, que combina la acupresión con mantener conversaciones con uno mismo. Incluso podrías encargarte tú mismo de la parte de la acupresión bajo la supervisión de un profesional y presionarte los principales puntos de activación, como hacen los acupunturistas (un punto positivo si te genera incomodidad que te toquen los demás). Conversar con uno mismo ayuda a reformular las historias que el cerebro te cuenta y de paso crear nuevas en el proceso. Hay un montón de videos gratuitos que pueden servirte de guía básica para este proceso, pero ten en cuenta que cualquier terapeuta podrá ayudarte a modificar el guion para adaptarlo mejor a tu situación específica.

Masajes

Todo el mundo sabe lo que es un masaje, creo que no hace falta que dé más explicaciones. Pero la gente se sorprende cuando le propongo que vaya a darse un masaje para sanar problemas emocionales, no solo dolores físicos. En primer lugar, el dolor físico puede ser sin duda un síntoma de depresión. Incluso aunque no sintamos ningún dolor físico, los masajes pueden ser una manera segura para aprender a relajarnos y a sentirnos cómodos en nuestra propia piel. Recibir un masaje es como reiniciar el sistema nervioso. Muchas veces tras sufrir un trauma nos sentimos desconectados de nuestro cuerpo. Sin embargo, soy consciente de que los masajes pueden ser un desencadenante de ciertos tipos de trauma. Tampoco te obligues a salir de tu zona de confort. Algunas personas se sienten mucho más cómodas yendo a hacerse la manicura o un masaje de pies que un masaje de cuerpo entero. Otras prefieren darse un baño caliente o remojarse en un *jacuzzi* a que alguien las toque. Cualquier cosa que te ayude a reconectar con tu cuerpo físico (siempre y cuando te sientas seguro) te ayudará a calmar tu pinche cabeza más deprisa.

Tratamiento quiropráctico

¿Qué? ¿Ir al quiropráctico para problemas de salud mental? ¿Eso no era para el dolor de espalda? Dejando de lado que la depresión se puede manifestar en forma de dolor físico, la quiropráctica es una forma de tratamiento holístico que parte de la idea de que con unos pequeños ajustes podemos contribuir a mejorar el sistema nervioso. ¿En serio la quiropráctica puede ayudarnos con el dolor y con el sistema nervioso? Para muchos, estos son dos de los principales problemas que tienen con la reacción al trauma. Y a veces esos síntomas físicos son mucho peores que los emocionales.

Muchos quiroprácticos (y también masajistas y acupunturistas) incorporan asistencia nutricional en sus sesiones.

Terapias de energía: reflexología y reiki

Las terapias de energía son una de esas cosas que parecen superraras, incluso a mí me lo parecieron durante muchos años. Pero luego me puse a leer más sobre el tema y lo probé por mí misma y VAYA. A ver, las terapias de energía se basan en la idea de que nuestros cuerpos funcionan a unas frecuencias en las que podemos intervenir para favorecer nuestra propia sanación. Suena rarísimo, ¿verdad? Bueno, pues en realidad no lo es. Un estudio demostró que las terapias de energía son igual de efectivas que las terapias físicas. Actualmente, la

UCLA tiene todo un pinche LABORATORIO dedicado a estudiar la actividad eléctrica del cuerpo. Y eso que la UCLA es una universidad financiada con dinero público. Están usando nuestros impuestos para estudiar las terapias de energía. Eso sí que contribuirá a que tengan una buena repinchección.

La reflexología consiste en aplicar presión en ciertas áreas de las orejas, las manos y los pies teniendo en cuenta que estas áreas están conectadas con otros puntos del cuerpo (así lo confirma la teoría polivagal). El reiki (un término japonés que significa «energía de la fuerza vital guiada») consiste en catalizar la energía de un profesional (o de uno mismo) hacia la persona que necesita sanar con el objetivo de activar el proceso de sanación del propio cuerpo. Estos tipos de terapias de energía (entre otras) nos ayudan a encontrar los puntos del cuerpo que tenemos bloqueados y en los que tendemos a retener los traumas para poder liberarlos mejor.

Ah, y por cierto, la acupresión (y cualquier técnica de presión, como la técnica de liberación emocional de la que te hablé antes), además de ser un tipo de acupuntura, se considera también un tipo de terapia de energía.

Biorretroalimentación, neurorretroalimentación y tratamiento Alpha Stim

La biorretroalimentación consiste en monitorizar electrónicamente todas las funciones corporales para ayudar a las personas a aprender a controlar las respuestas que antes eran automáticas. La neurorretroalimentación se centra en específico en las señales cerebrales con el mismo objetivo, ayudar a las personas a controlar sus respuestas cerebrales. Tenemos mucho más control de lo que pensamos sobre las respuestas de nuestro cuerpo y nuestro cerebro, y tanto la biorretroalimentación como la neurorretroalimentación pueden ser una manera estupenda de aumentar o incluso acelerar el proceso de calmar tu pinche cerebro, ya que nos proporcionan información inmediata cuando nuestro cerebro y nuestro cuerpo empiezan a entrar en modo luchar, huir o bloquearse. Básicamente es como jugar a una partida de videojuegos contra tu cerebro. Puede que esto te recuerde un montón a la película *Tron*, pero se trata más bien de un juego tipo *Pac-Man* o similar, y solo lo puedes pasar si consigues mantener tus ondas cerebrales en la zona óptima para tu bienestar. ¿Quieres un ejemplo más concreto? Mi hijo se sometió a un tratamiento de neurorretroalimentación para aprender a autocontrolarse y a dominar sus impulsos. Aplicaron ciertos parámetros a su partida que lo ayudaron a poder centrarse en esa parte de su cerebro. Cada vez que ganaba la partida notaba incluso la sangre dirigiéndose deprisa a esa sección de su corteza prefrontal. ¡Incluso vimos cambios en su caligrafía después de tan solo un par de sesiones!

También incluí el tratamiento Alpha Stim en esta sección porque, a pesar de ser un tratamiento pasivo, se rige por el mismo principio. Es un dispositivo diseñado para incrementar las ondas cerebrales *alpha* (la combinación perfecta entre estado de relajación y alerta que

CALMA TU PINCHE CABEZA

todos deseamos). Funciona un poco como la neurorretroalimentación, salvo que la máquina hace todo el trabajo por ti en vez de ser tú mismo quien entrena tu cerebro. Puede ayudar con el insomnio, el dolor, la ansiedad
y una multitud de trastornos. A veces utilizo Alpha Stim
en mi consultorio, sobre todo con los pacientes que están procesando una narrativa del trauma que para ellos
es muy importante porque les deja una resaca terapéutica
de la chingada. También tuve pacientes que se decantaron
por este tratamiento para experimentar menos síntomas
en su vida cotidiana sin tener que tomar otros medicamentos. En Estados Unidos se necesita una receta para
comprar un dispositivo Alpha Stim, pero te lo puede
prescribir cualquier terapeuta, no solo un médico.

Cambios nutricionales

Cuando estamos estresados, tenemos unos antojos de
azúcar que no creerías. El cerebro necesita glucosa para
mantener la fuerza de voluntad y la energía... por eso
hacer dieta es tan difícil. Te privas de la glucosa que necesitas para tener fuerza de voluntad. Normalmente,
cuanto más estresados y atareados estamos, peor comemos. Y entonces se crea un círculo vicioso tremendo
que nos resulta frustrante hasta lo ridículo.

Sé que hay muchas batallas nutricionales y que intentar averiguar cuál es el mejor plan en tu caso puede
ser extenuante. (¿Paleo? ¿Vegano? ¿Sin gluten? ¿QUÉ
CHINGADOS SE SUPONE QUE TENGO QUE COMER?).

¿Quieres la versión reducida? El cuerpo funciona mejor cuando lo cuidamos con alimentos naturales y saludables que la humanidad lleva siglos comiendo. Cualquier dieta que sigas te va a volver más consciente de lo que te llevas a la boca, de eso no cabe duda. Así que me da igual que elijas una dieta o la otra. De hecho, cada persona tiene necesidades dietéticas distintas, por eso mi libro de cocina (*The Revolution Will Include Cookies* [La revolución incluirá galletas], Say Something Real Press, LLC, 2016) ofrece variaciones de cada receta según las dietas más populares.

Y de verdad, acudir a un nutriólogo clínico, a un profesional de la medicina china o a un naturópata cualificado que incorpore la nutrición en sus sesiones es una inversión que vale la pena. En mis sesiones también incorporo la nutrición clínica. Trabajé con un montón de pacientes que lo único que necesitaron fue modificar un par de cosas de su dieta e incorporar algún suplemento: lo único que les hacía falta era una evaluación básica y cuatro consejos para guiarse entre la cantidad ingente de información disponible que tenemos hoy en día.

La relación de la nutrición con la salud mental daría para escribir un libro entero, pero aquí van unas pocas premisas básicas que te ayudarán enormemente sin que llegues a meterte en el terreno del culto a la comida.

- Si comemos de manera saludable el 85% de las veces y un 15% nos damos algún capricho, el cuerpo seguirá funcionando correctamente.

- Mantente lo más lejos posible de los alimentos industrializados. Lo más importante a tener en cuenta al ver la etiqueta de un alimento es que tienes que intentar evitar lo máximo posible los alimentos con etiquetas. Cuanto más refinado y procesado sea un alimento, más probable será que tu cuerpo no lo reconozca.

- La tendencia a abstenerse de comer gluten está más relacionada con las modificaciones genéticas del trigo que se consume en Estados Unidos que con el gluten en sí, por lo menos para la mayoría de las personas (celiacos y personas con alergias graves aparte). Aunque lo ideal sería mudarse a Francia o Italia, lo mejor que podemos hacer en Estados Unidos es alejarnos todo lo posible del gluten y de los cereales modificados genéticamente. En mi caso, vivo en el sur de Texas, y aquí siempre nos hemos alimentado a base de tortillas de maíz. Muchas personas que no consumen gluten utilizan harina de coco o almendra. Si extrañas muchísimo de menos el trigo, intenta preparar repostería con harina de trigo einkorn, también llamada escanda menor, en vez de con las mierdas que podemos encontrar en las estanterías de los supermercados.

- Muchas de las personas que no toleran los lácteos no tienen ningún problema con las leches crudas. No es mi caso ni el de mi hijo. Pero podría valer la pena intentarlo.

- Los edulcorantes químicos son una pinche mierda para tu cuerpo. ¿Te suenan el aspartamo, la sacarina y la sucralosa? ¿Esos paquetitos amarillos, rosas y azules? Créeme cuando te digo que a largo plazo no te conviene ahorrarte estas calorías. Un buen edulcorante sin calorías es la estevia.

- Si sospechas que algo te está sentando mal, deja de tomarlo durante veintiún días. A ver cómo te sientes. Y luego vuelve a consumirlo. ¿Notaste alguna diferencia? No te preocupes, tu cuerpo te dirá lo que necesita.

Apoyo entre iguales

Hay muchos estudios que corroboran que las parejas de apoyo entre iguales (tal y como los denomina la agencia federal de Estados Unidos SAMHSA) tienen un gran papel en el proceso de recuperación y bienestar de muchas personas. Cosa que tiene todo el sentido del mundo. Las personas que hayan vivido experiencias similares tienen un nivel de empatía, comprensión y compasión que otros no pueden tener. Hay un montón de profesionales que atienden a sus pacientes de manera muy afectuosa, pero muchas veces nos resulta más fácil conectar con personas que hayan vivido lo mismo que nosotros.

Esta figura recibe un montón de nombres diferentes, entre ellos *coach* de recuperación, padrino, *sponsor* y guía. También hay profesionales clínicos que vivieron esas experiencias y que deciden compartirlas con sus pacientes como parte del proceso de sanación.

Si hay algún tipo de programa de apoyo entre iguales disponible mientras estás en tratamiento, te recomiendo que le des una oportunidad. A veces hablar con alguien que estuvo en el mismo pozo que tú es lo mejor que puedes hacer para intentar salir de ahí, ¿sabes?

Apoyos naturales

Se trata de las personas que te quieren porque formas parte de su vida. Me refiero a tus familiares, amigos, profesores, compañeros de trabajo, etcétera, dispuestos a mover cielo y tierra para apoyar tu recuperación. Tener a nuestro lado a personas que nos quieren PORQUE SÍ es muy muy importante para mejorar. ¡Apóyate en ellas! Si te dicen que quieren ayudarte, ¡deja que te ayuden! Cuesta mucho más aceptar ayuda que rechazarla. Tienes que ser lo bastante fuerte como para dejar que los demás entren en tu vida.

ELEGIR AL PROFESIONAL ADECUADO

Este capítulo trata sobre el amplio abanico de tratamientos disponibles, no solo de tu decisión de tomar la pastilla roja o la azul. Además de considerar todas estas opciones, también es muy importante que elijas al profesional adecuado.

No hay ninguna fórmula mágica para hacerlo, solo puedes pedir información y recomendaciones a otras personas, preguntar a los profesionales por sus métodos y buscar a otro profesional si ves que el primero que elegiste no encaja contigo.

Ahonda todo lo que puedas en la presencia en internet del profesional en cuestión. ¿Te sirvió para hacerte una idea de su estilo? ¿Te sientes cómodo con la idea de ir a su consultorio? ¿Compartes la misma visión de la sanación?

Escribe una lista con todas las características que te gustaría que reuniera el profesional que te tratara y los objetivos que esperas alcanzar con el tratamiento. ¿Y qué pasa si las sesiones no tienen nada que ver con lo que escribiste en estas listas? Pues a otra cosa, mariposa.

Es importante que recuerdes que buscar terapeuta no es como buscar un amigo en renta. La terapia solo funciona cuando está diseñada para ayudarte a procesar, sanar y seguir adelante. Si el tiempo que pasas con ese profesional solo te sirve para insistir y regurgitar lo mismo una y otra vez, y no aprendes nada ni progresas en tu catarsis, significa que te está haciendo más mal que bien. Es de vital importancia que encuentres un profesional con el que te guste trabajar porque te apoya y te ayuda a sanar. A un buen profesional no le herirás los sentimientos si le dices que crees que trabajarías mejor con otra persona. Es más, debería ofrecerte recomendaciones y sugerencias sobre otros profesionales con los que podrías contactar. El objetivo de la terapia consiste en mejorar... no en trabajar con un profesional en concreto.

Se trata de tu salud y de tu vida. No le debes nada al profesional al que acudas, excepto el pago por sus servicios prestados.

SEGUNDA PARTE
ASÍ ACTÚA TU CEREBRO
ANTE LA VIDA

Todos tenemos la desgracia de vivir en una época interesante. Incluso cuando las cosas van bien y nuestras vidas en general son positivas, no están pensadas para que podamos centrarnos en estar tranquilos y sosegados, para que tengamos espacio para reflexionar y relajarnos. ¿Te acuerdas de que antes ir de vacaciones significaba pasarla bien y vivir aventuras? En cambio, ahora se trata de un periodo para salir de casa y sentarse en alguna parte para relajarse lo máximo posible sin hacer ni pensar en nada. Trabajo con un montón de pacientes que lo único que en realidad necesitarían sería tener más tiempo en su vida para relajarse. No es que estén locos, es que están *agotados* de a madres.

Y esto es un hecho muy real. Tenemos un montón de enfermedades físicas como la fibromialgia que podrían explicarse por la fatiga suprarrenal. Puede que me esté metiendo en terreno *hippioso*, pero en realidad tiene todo el sentido del mundo si te fijas en lo que le ocurre al cuerpo cuando responde ante al estrés. La glándula suprarrenal secreta unas hormonas que nos ayudan a reaccionar ante el estrés *grave*. Pero si estas hormonas tienen una demanda crónica porque estamos sometidos a un estrés *crónico*, tendría sentido que la producción hormonal disminuyera. Mientras que las insuficiencias adrenales se pueden detectar con un análisis de sangre, el descenso de la función adrenal no.

Sin embargo, podría manifestarse de otras formas, por ejemplo, agotamiento, dolor corporal, decoloraciones dermatológicas extrañas, pérdida de pelo, mareos por tener la presión baja, etcétera. Es como si nuestro cuerpo se convirtiera en el personaje de Miss Clavel de la serie de libros *Madeline* y anunciara que «algo no va bien».

Si siguiera hablando de este tema, acabaría escribiendo un libro muy distinto. Y, al fin y al cabo, este libro trata sobre el cerebro. Así que, en resumen, sí, es muy probable que nuestra respuesta continuada al estrés (ya sea inducida por el trauma o no) sea la causante de una infinidad de diagnósticos de salud mental. La depresión y otros trastornos del estado de ánimo, la ansiedad, la ira y las adicciones tienen una clara relación con el desgaste continuado del cuerpo debido a una respuesta física al estrés.

Eh, ¿qué? A ver si te explicas, señora. Acabas de decir que las hormonas del estrés las secretan las glándulas suprarrenales. Entonces, ¿qué diablos tiene que ver eso con la salud mental y emocional?

¡Muy buena pregunta, sabelotodo! Lo que te conté sobre las glándulas suprarrenales es verdad... PERO, al igual que todas las demás glándulas, no secretan nada hasta que la glándula pituitaria (del cerebro) no da la orden. Puede que las glándulas suprarrenales (entre otras) parezcan las malas de la película, pero en realidad están bajo el control de la pituitaria. Las glándulas suprarrenales son las encargadas de darte una paliza, pero no son ellas quienes dan la orden.

Y entonces, ¿qué parte del cuerpo da las órdenes a la pituitaria? Pum, volvemos a estar en la casilla de salida.

El cerebro (en concreto, el hipotálamo) es el órgano que controla las glándulas; sería el equivalente a un entrenador de un equipo de futbol americano. El entrenador es quien se coordina con el *quarterback* estrella, la glándula pituitaria, que luego se encarga de informar de la jugada al resto del equipo (hola, cuerpo). El hipotálamo y la glándula pituitaria controlan el sistema hormonal Y TAMBIÉN el sistema nervioso porque mantienen una comunicación constante. Todas las regulaciones físicas del cuerpo empiezan en el cerebro.

Así pues, ¿cuál es la respuesta mágica? Ojalá fuera la pinche ama y supiera decírtelo. Pero como ya debes imaginar, la verdadera respuesta mágica sería reducir el estrés. Y eso sería una respuesta de mierda... porque la mayoría de los días eso nos resulta completamente imposible, ¿verdad? Así que en vez de eso tenemos que centrarnos en aprender a lidiar mejor con el estrés para poder controlar nuestras cosas sin perder la cabeza ni jodernos el cuerpo.

Esta mitad del libro es la parte de la misión (si es que decides aceptarla) en la que analizaremos las distintas maneras en las que el cuerpo y la mente expresan el estrés. La gran chingadera si quieres verlo así. Ten un poco de paciencia mientras me pongo en plan cerebrito. Te prometo que muchas de las cosas que estuviste pensando, sintiendo y haciendo dentro de poco cobrarán un montón de sentido.

6
ANSIEDAD

¿Verdad que las definiciones del diccionario son lo mejor? La ansiedad es... *un estado de ansia.*

Caramba, no me digas.

Lo interesante es que la palabra *ansiedad* (y su definición de «estado de ansia») no es en absoluto moderna. De hecho, la palabra *ansia* se utilizó más a principios del siglo XIX que a principios del siglo XXI.[1]

¿Sabes qué significa eso? Que la ansiedad es una afección humana clásica contra la que llevamos luchando desde hace siglos. No hay duda de que la vida moderna es estresante de a madres. Pero la vida moderna no es

(1) El Corpus Diacrónico del Español (Corde) recoge 828 apariciones de la palabra *ansia* a lo largo del siglo XIX, mientras que el Corpus de Referencia del Español Actual (CREA) tan solo recoge 182 apariciones de la palabra *ansia* entre el 2000 y el 2023. *(N. de la t.).*

el origen de la ansiedad humana. El propio hecho de ser humano es una experiencia que provoca ansiedad en muchísimas personas.

Como buena sabelotodo que soy, un día busqué la raíz de la palabra *ansia*. Viene del latín *anxius*, que proviene del griego antiguo *anco*, que significa «asfixiarse». Carajo, qué precisión.

La ansiedad tiene un abanico muy amplio: cuando hierve a fuego bajo, puede no ser más que una sensación de inquietud. A medio gas es como una angustia. Y cuando hierve a tope, sentimos un pánico absoluto. Como bien sabían esos antiguos italianos, es una experiencia enormemente somática. Es decir, que la notamos en el cuerpo y nos controla el pensamiento.

Y tenga la intensidad que tenga, es el sentimiento más incómodo del mundo. Tu cuerpo te hace perder la estabilidad a propósito para que prestes atención a tonterías. El término presuntuoso para denominar esta situación es *desequilibrio*.

Así que esta es la definición que tenemos por ahora: la ansiedad es un estado de desequilibrio de todo el cuerpo que llega a tal nivel de intensidad que requiere atención inmediata y acciones correctivas por tu parte. Se produce ante una amenaza real o percibida, ya sea presente o anticipada.

Precisamente por eso la ansiedad es tan difícil de ignorar. La gracia del asunto es que el cuerpo produce esta sensación para reclamar toda tu atención, como si fuera un niño pequeño corriendo desnudo por la calle en medio de una tormenta de nieve con un puñado de ositos en una mano y un machete ensangrentado en la otra.

Vaya imagen, ¿eh? Seguramente no te resultaría fácil ignorar algo así en el transcurso del día.

La ansiedad nos exige hasta la última migaja de atención a pesar de que pueda surgir en el momento menos indicado o de que sea innecesaria. Ya vas intuyendo la relación de la ansiedad con la reacción al trauma, ¿no? No es difícil que la ansiedad acabe convirtiéndose en nuestro modo por defecto si tus historias pasadas te dicen que tienes que estar constantemente en guardia.

Síntomas de la ansiedad

Síntomas cognitivos y sentimentales

- Preocupación excesiva.
- Pensamientos obsesivos (no dejar de darles vueltas a las cosas como si estuviéramos en una rueda para hámster).
- Irritabilidad / Ira (parece raro, ¿verdad? Pero resulta que la ira es una emoción culturalmente aceptable, así que la utilizamos mucho para sustituir lo que realmente sentimos. ¡Echa un vistazo al capítulo sobre la ira!).
- Miedos irracionales / fobias específicas.
- Miedo escénico / fobias sociales.
- Hiperautoconsciencia / cohibición.

CALMA TU PINCHE CABEZA

- Sensación de miedo.
- Sensación de impotencia.
- Recuerdos recurrentes.
- Comportamientos obsesivos y quisquillosos, perfeccionismo.
- Comportamientos compulsivos.
- Dudar de uno mismo.
- Tener la sensación de que «actúas de manera irracional» o de que «te estás volviendo loco».

SÍNTOMAS FÍSICOS

- Problemas para dormir o mantenerse dormido.
- No poder descansar.
- Tensión muscular.
- Tensión en el cuello.
- Indigestión crónica.
- Dolores estomacales o náuseas.
- Corazón acelerado.
- Pulsaciones en el oído (sentir el latido del corazón).
- Entumecimiento o cosquilleo en los dedos de los pies o las manos, o en los pies o las manos.
- Sudoración.
- Debilidad.
- Falta de aliento.
- Mareos.
- Dolores en el pecho.
- Tener sensación de frío y calor (como si tuvieras

154

escalofríos y fiebre, pero sin que suba tu temperatura).

- Dolores punzantes / sensación de haber recibido una descarga eléctrica.

Hay un montón de síntomas más, por supuesto, pero estos son los más comunes. Para hacer una lista completa de todos los síntomas que podrías experimentar por culpa de la ansiedad, necesitaríamos por lo menos un folleto entero. Puedes encontrar listas estupendas fácilmente en internet, algunas incluso con todos los síntomas de la ansiedad divididos en distintas categorías.

Muchas de las cosas que hacemos son para controlar esa ansiedad. El trastorno obsesivo compulsivo es sin duda una respuesta a la ansiedad. Puede que no todos los casos de comportamiento autolesivo o de tendencia a cortarse estén causados por la ansiedad, pero la mayoría sí. Hay un montón de diagnósticos que provienen de unos pocos problemas fundamentales. Sin duda, la ansiedad es uno de ellos.

Bueno, estos son los síntomas de la ansiedad. El cuerpo es capaz de hacernos todo tipo de chingaderas con tal de captar nuestra atención y obligarnos a corregir el rumbo.

¿Te sentiste reflejado en alguno de estos síntomas? Seguramente no estarías leyendo este libro si para empezar la respuesta fuera «no, yo siempre estoy tranquis».

¿Tengo ansiedad o es que simplemente a veces estoy ansioso?

¡Haces unas preguntas de poca madre! Como con cualquier otro problema de salud mental, la respuesta depende de si la ansiedad controla tu vida o de si solo es una manera legítima con la que tu cuerpo te dice que te pongas las pilas y le hagas algo.

Desde el punto de vista clínico, si me dices que tu ansiedad es un problema, lo voy a creer. Nadie te conoce mejor que tú mismo.

Sin embargo, algunas personas prefieren una herramienta más formal para determinar si su ansiedad es problemática o no. Existen un montón de escalas para evaluar la ansiedad. Una de las más comunes es la OASIS (llamada así por las siglas en inglés, *Overall Anxiety Severity and Impairment Scale*, Escala General de Gravedad e Interferencia de Ansiedad). Esta prueba está respaldada por un montón de estudios y está disponible de manera gratuita, ya que la creó el Instituto Nacional de la Salud (NIH) de Estados Unidos.

La escala OASIS no tiene un número de corte mágico (es decir, que si sale que estás por debajo de X número, no significa que estés bien, y si sale que estás por encima, no significa que estés ansioso a más no poder). Pero puede ser un buen punto de partida para empezar a hablar con un profesional o para reflexionar sobre tus propias experiencias.

El test de OASIS requiere que reflexiones sobre las experiencias que viviste durante la última semana y que las clasifiques en una escala del 0 al 4, donde 0 significa sin problema; 1, infrecuente; 2, ocasional; 3, bastante frecuente, y 4 es mi pinche compañero constante, gracias por recordármelo.

Sí, te lo expliqué más bien con mis propias palabras. Puedes echarle un vistazo a la escala completa y leer el lenguaje oficial por internet, y, si quieres, puedes descargarlo e imprimirlo.[2]

Las preguntas exactas son las siguientes:

- Durante la última semana, ¿con qué frecuencia te sentiste ansioso?
- Durante la última semana, en los momentos en que te sentiste ansioso, ¿qué tan intensa o grave fue tu ansiedad?
- Durante la última semana, ¿con qué frecuencia evitaste situaciones, lugares, objetos o actividades debido a tu ansiedad o miedo?
- Durante la última semana, ¿en qué medida la ansiedad interfirió en tu capacidad para hacer las cosas que necesitabas hacer en el trabajo, la escuela o en tu hogar?
- Durante la última semana, ¿en qué medida la ansiedad interfirió en tu vida social y en tus relaciones?

(2) En la web de IPES, el grupo de investigación sobre personalidad, emoción y salud de la Universidad de Zaragoza, se puede descargar una versión en español: <https://ipes-group.com/sites/default/files/OASIS%20.pdf>. *(N. de la t.).*

¿Estás teniendo uno de esos momentos de «¡su puta madre, pero si es exactamente lo que me pasa!»? Pues debes saber que no estás solo. Según la Fundación Kim, cada año unos cuarenta millones de estadounidenses de dieciocho años o más (el 18.1%) cumplen los criterios del trastorno de ansiedad, y un 75% de los individuos con trastorno de ansiedad experimentan su primer episodio antes de los veintiún años.

La ansiedad se parece un montón al estrés

Sí, desde luego. Y la ansiedad a menudo proviene del estrés crónico. Pero ¿cuál es la principal diferencia? El estrés tiene desencadenantes externos. Lo sé, lo sé, la ansiedad también, pero dame un minuto.

El estrés puede producir ansiedad, pero también puede producir un montón de respuestas emocionales más (aunque seguramente la más habitual sea la depresión). La ansiedad es una respuesta interna a los factores de estrés.

Piensa en ello como si fuera un flujo de trabajo. Si hay estrés, significa que hay ansiedad, o cualquier otro estado emocional incómodo. Todo va tan deprisa que se nos mezcla dentro del cerebro. Pero no hay duda de que hay una relación causa-efecto entre el estrés y la ansiedad.

Si te interesa el tema y quieres saber más, te recomiendo que leas *¿Por qué las cebras no tienen úlcera?*, de Robert Sapolsky.

¿De dónde diablos viene toda esa mierda de la ansiedad?

En general, el cuerpo humano se esfuerza mucho por estar tranquilo. Pero entonces, ¿por qué nos vuelve locos con toda esa mierda de la ansiedad? Tiene el mismo sentido que si empezáramos a darnos cabezazos alegremente contra una pared de ladrillos, ¿verdad? De nuevo, todo eso se debe a la manera en que está programado el cerebro. No dirás que no me ciño al mensaje.

La versión resumida es que estamos programados para exhibir respuestas emocionales fuertes porque esas respuestas nos mantienen vivos. Sentir ansiedad es una importante habilidad de supervivencia.

La versión más larga es que cuando algo desencadena una respuesta a la ansiedad, el cuerpo se nos llena de noradrenalina y cortisol. Y esto es lo que hacen estas sustancias:

La *noradrenalina* se libera a través del sistema nervioso central (¡Ja! ¡Nervioso!) y su función es preparar al cuerpo (incluyendo el cerebro) para pasar a la acción. Incrementa la concentración y la atención, y también el flujo sanguíneo, la presión sanguínea y la frecuencia cardiaca.

El *cortisol* es la clásica hormona del estrés. Incrementa el azúcar en sangre e inhibe el sistema inmunitario. Muchas personas con estrés crónico también ganan peso, sobre todo en la zona abdominal debido a la producción constante de cortisol. Pero lo más importante es que cuando liberamos cortisol junto con su compinche, la noradrenalina, se crean fuertes vínculos entre recuerdos y estados de ánimo que luego serán la base para crear señales de aviso que nos indicarán lo que debemos evitar en un futuro.

¿Sabes lo que es realmente interesante sobre la ansiedad como respuesta al estrés? ¿Cuál es la parte buena? Que el hecho de que tengas ansiedad significa que tu cuerpo está luchando. Esta es la diferencia crucial entre la ansiedad y la depresión, que básicamente es una respuesta programada de impotencia aprendida (todo esto también lo saqué del libro de Robert Sapolsky). Los síntomas de la ansiedad son estrategias de afrontamiento que se activan ante una amenaza. El problema viene cuando el cerebro decide que prácticamente todo lo que hay a tu alrededor es una amenaza. Y, entonces, ¡bum!, se crea una respuesta al trauma.

Incluso aunque te des cuenta de cuáles son tus desencadenantes, no conseguirás librarte de la ansiedad a base de fuerza de voluntad. Tal y como acabamos de analizar, estamos a merced de los efectos de esa combinación química de la chingada. Así que en cuanto empiece a entrarte la ansiedad o directamente un ataque de pánico, tienes que hacer alguna cosa para metabolizar esas sustancias químicas. Cuando la ansiedad arremeta contra ti, tienes que agarrarla por los cuernos.

Puedes utilizar cualquiera de los ejercicios que encontrarás al final de estos capítulos, o los que vimos al final del capítulo 4, para lidiar con la ansiedad en el preciso instante en que aparezca. Ponle un nombre gracioso o asígnale algún personaje. Lleva un poco de hielo contigo para recordarte que estás a salvo. Practica algún ejercicio de respiración. En los momentos en los que no tengas ansiedad, puedes centrarte en el entrenamiento autónomo para reprogramar tu cerebro a largo plazo.

Entrenamiento autónomo para aprender optimismo

Al igual que cualquier otro tipo de reeducación, hay ciertas cosas que pueden ayudarnos mucho a combatir la ansiedad crónica. No son la panacea ni te curarán de inmediato, pero la sola idea de entrenarse para volverte más optimista ya tiene cierto mérito. Me gustaría hablarte de un tipo llamado Martin Seligman, una verdadera estrella en mi campo. Mientras estaba estudiando la impotencia aprendida, se dio cuenta de que, en general, esas personas odiosamente alegres y optimistas suelen tener ciertas cualidades en común:

Permanencia: las personas optimistas no se obsesionan con los sucesos negativos y los toman como simples contratiempos temporales. Cuando alguien los critica, se recuperan mucho más deprisa. También creen que las cosas buenas ocurren por motivos *permanentes*. Básicamente piensan que el mundo está a su favor.

Permeabilidad: las personas que siempre están contentas tienden a encasillar el fracaso en el lugar que le corresponde. Comprenden que fracasar en un ámbito significa que solo fracasaron en ESE ámbito en concreto, no que sean un fracaso EN ABSOLUTAMENTE

TODO. También suelen dejar que las cosas buenas repercutan en todos los ámbitos de su vida en vez de contenerlas en el ámbito que les corresponda. Que no seas bueno al jugar basquetbol no significa que tu *risotto* sea una mierda. Pero si te sale un *risotto* espectacular, significa que TÚ también eres espectacular y que deberías cocinar más a menudo e invitarme a cenar, porque me encanta el *risotto*.

Personalización: nuestros colegas alegres achacan los sucesos negativos a las malas circunstancias, no a que haya algo negativo en su propia persona; pero, en cambio, cuando las condiciones son favorables, se llevan el mérito, como si eso indicara que son buenas personas. En resumen, los fracasos son culpa de las circunstancias, no de las personas. Pero los éxitos se deben a las personas, no a las circunstancias. ¿Lo captas?

Cuando Seligman comprendió las características de los optimistas, se le ocurrió una idea. Si podemos aprender la *impotencia* y el *pesimismo*, ¿por qué no deberíamos poder aprender el *optimismo* y la *perspectiva positiva*, sobre todo si sabemos cuáles son los tres indicadores principales?

PASA A LA ACCIÓN
Lucha contra tus duendecillos negativos

Seligman creó un modelo con las siglas AVCDE diseñado con el objetivo de reestructurar la manera de pensar y volverla positiva. Y sí, su método se parece un montón a la terapia racional emotiva conductual (TREC) de Albert Ellis y a la terapia cognitiva conductual de Aaron Beck. Los terapeutas y los investigadores somos así de cabrones, no dejamos de tomar ideas prestadas de los demás.

Piensa en la última vez que te sentiste ansioso y escribe cuatro cosas en cada una de las categorías siguientes:

Según el modelo de Seligman, la A corresponde a «adversidad». ¿Qué chingaderas suelen desencadenar tu respuesta a la ansiedad?

La V corresponde a «valoración». ¿Cuál es tu valoración real del suceso? Sé sincero, si se te activa la ansiedad a menudo, es probable que tu patrón de pensamiento sea del tipo «¡QUÉ SITUACIÓN TAN JODIDA!».

La C corresponde a «consecuencias», aunque en realidad debería corresponder a cruasán. Sin embargo, Seligman no estuvo de acuerdo con mi propuesta de ir por un cruasán si tras la valoración concluyes que la situación es una mierda. En cambio, sugiere que analices cómo reaccionaste ante la situación y tus valoraciones.

La D corresponde a «dispinche». Esta es la parte en la que literalmente tienes que enfrentarte a los diablillos de la negatividad que te manda el cerebro y centrarte en utilizar una nueva estrategia de afrontamiento. ¿Recuerdas todos esos alborotos del cerebro narrador? Pues deberías crear una historia nueva.

Y finalmente la E corresponde a «energización». ¿Qué sucedió después de que centraras tu atención en reaccionar de manera diferente? Aunque si incluso así te sentiste ansioso, ¿tuviste la sensación de haber lidiado mejor con la situación que en ocasiones anteriores? Y después de hacerlo durante un tiempo, ¿notaste que POR FIN tu ansiedad empezó a disminuir?

Para empezar, céntrate solamente en los tres primeros puntos (A-V-C). Haz memoria y busca ejemplos de pesimismo y negatividad en tu vida. Reflexiona sobre estos casos. ¿Te mortificaste más de lo que esperabas?

Deja pasar unos días para procesar todo eso y luego vuelve a sentarte frente a esta lista y añade las últimas categorías (A-V-C-D-E). Esta parte te resultará más difícil porque implica trabajar activamente para luchar contra el pesimismo y enseñarte a ser optimista. Pero tú puedes, *crack*. Requiere algo de práctica, ¡así que no te rindas!

1. **Adversidad**: cuenta solo los hechos sin más, querido. Explica lo ocurrido (qué, quién, cuándo, dónde) con toda la precisión y el detalle que puedas.
2. **Valoración**: ¿qué pensaste? O sea, concreta un poco. ¿Qué te dijiste a ti mismo? Da igual si fue algo grosero, espantoso o extraño. Escríbelo. Si la situación te hizo revivir un recuerdo o un *flashback*, ¡apúntalo también!
3. **Consecuencias**: ¿cómo afectaron todos estos pensamientos a tus sentimientos? ¿Cómo te comportaste? ¿Qué le ocurrió a tu cuerpo? ¿Qué emociones experimentaste? ¿Cómo reaccionaste?
4. **Dispinche**: puedes dispincher estas valoraciones negativas de cuatro maneras distintas.

a. Pruebas. ¿Tienes alguna prueba que demuestre que tu valoración está basada en la realidad? Si alguien te dice que te odia, sería prueba suficiente para corroborar tu valoración de que esa persona te odia. Pero la mayoría de nuestras valoraciones carecen de pruebas.

b. Alternativas. ¿Se podría ver esa misma situación desde otro punto de vista? ¿Hubo alguna circunstancia no estática relevante (normalmente no repruebas ningún examen, ¿podría ser que estuvieras más cansado de lo normal porque no te encontraras bien)? ¿Podrías entrar en detalles (que seas torpe en basquetbol no quiere decir que seas un ser humano de mierda, ni siquiera un atleta de mierda)? ¿Alguna otra persona contribuyó a que se diera esa situación (¡¿de verdad fue todo culpa tuya?!)?

c. Implicaciones. Está bien, puede que hayas metido la pata. ¿Pero de verdad fue tan catastrófico? ¿Podrías ver la situación desde otra perspectiva (okey, en esta entrevista de trabajo me fue fatal... ¿pero eso quiere decir que nadie me contratará en toda mi vida?)?

d. Utilidad. Solo porque algo sea cierto no significa que sea útil. ¿Cómo podrías reformular la experiencia para que aporte significado a tu vida? ¿Verdad que sientes más respeto hacia las cosas o las personas que valoras? ¿Ahora que le encontraste un significado a esa experiencia no sientes que la valoras más?

5. **Energización**: ¿cómo te sientes después de la dispinche? ¿Cambió tu comportamiento?, ¿y tus sentimientos? ¿Descubriste algo relacionado con el problema que hasta ahora habías pasado por alto? ¿Se te ocurrió alguna solución?

Ahora, ¡ve y celebra tu éxito, campeón!

Puedes descargar la hoja de ejercicios para registrar los sucesos adversos en mi página web: <FaithGHarper.com/app/download/7243931275/Adverse+Event+Log.pdf>.

7
IRA

Si alguna vez buscaste la definición de ira, habrás visto que no es muy útil... normalmente los diccionarios proporcionan un sinónimo más que una definición. Te pones a leer esa mierda y piensas: «No, no... sí, ya sé lo que es la irritación, la contrariedad y la furia. Son distintos tipos de ira. Pero ¿de qué chingados está hecha la ira?».

Pues bien, la ira es una emoción. Vaya, no me chingues. Ten un poco de paciencia. La palabra *emoción* deriva del latín *emovere*, que significa «sacar al exterior». Okey. AHORA sí vamos progresando.

Antes que nada, vamos a hacer un repaso general:

Las emociones son respuestas instintivas desencadenadas por sucesos externos y recuerdos internos de eventos pasados. Operan en la parte media del cerebro, lejos de los procesos cognitivos y del razonamiento, que tienen lugar en la corteza prefrontal.

Así que la ira es una respuesta instintiva que se saca al exterior. Tiene sentido, ¿verdad? En esencia, *la ira es una respuesta instintiva diseñada para protegernos ante cualquier daño obligándonos a emprender una acción coordinada.*

¡Bum! Aquí la tenemos. Una definición operativa de la ira realmente útil.

La ira (y la agresión inducida por la ira) se activa igual que las demás emociones. En el caso de la ira, la tríada de activación se trata en concreto de la amígdala, el hipotálamo y la sustancia gris periacueductal. Cada tipo de amenaza activa estas tres áreas de manera diferente. A mi lado más friki eso le parece fascinante, pero en realidad no es muy relevante para esta conversación.

Lo importante es que recuerdes lo que ocurre cuando el cerebro cree que estamos en riesgo, cuando nos sentimos amenazados, pues entramos en modo club de la lucha del tallo cerebral. La ira es nuestra manera de prepararnos para pelear. Lo más interesante es que la ira recibe mucha información de la corteza prefrontal. Como todas las emociones, claro... pero el caso de la ira es especialmente interesante, porque la expresión de esa emoción varía mucho de una cultura a otra. Eso significa que muchas respuestas a la ira son aprendidas y que, por ende, fueron negociadas con la corteza prefrontal. ¿Y eso a qué se debe?

La cultura de la ira

¿Por qué todo el mundo está siempre tan enojado? No hace falta que busques un video en YouTube para ver a una persona perdiendo por completo el control. Solo tienes que quedarte un rato en un supermercado, en el estacionamiento de una iglesia o en la zona de restaurantes de un centro comercial y probablemente verás a alguien que se vuelva loco por alguna nimiedad.

Puede que alguna vez esa persona hayas sido tú algún ser querido, o alguien a quien apenas toleras, pero que tienes que soportar.

Existen muchas teorías sobre por qué tenemos tanta ira acumulada, y la verdad es que todas tienen mucho sentido. En nuestro día a día estamos demasiado:

- Preocupados
- Estimulados
- Saturados
- Rebasados

Entonces, es normal que perdamos el control.

Pero en muchos otros países, donde la gente también está sometida a esas presiones, no vemos las mismas respuestas de ira que en Estados Unidos y Europa. Una investigadora sueca fascinada por las diferencias culturales compiló diversos estudios sobre la ira y comparó la expresión de la ira en Estados Unidos, Japón y Suecia, y obtuvo unas conclusiones fascinantes. Demostró que en Japón, por ejemplo, se enseña explícitamente a la población que hay una gran diferencia entre lo que sientes en el interior y la manera en que lo expresas al resto del mundo. Y no es que lo aprendan observando a las personas que tienen a su alrededor, sino que es una lección que se incluye en el temario escolar. En Japón se enseña a lidiar con las emociones negativas. En cambio, cuando pides a los estadounidenses que expliquen alguna emoción incómoda les cuesta horrores. Suelen describir las emociones como si fueran algo interno y no influyeran de ninguna manera en su comportamiento. Sin embargo, hay una excepción interesante: la ira.

Algunos estadounidenses consideran que la ira es una fuerza positiva de cambio que ayuda a superar obstáculos, a lidiar con el miedo y a ser más independiente. Un estudio concluyó que el 40% de los estadounidenses considera que su ira tiene efectos positivos a largo plazo.

Eso significa que en Estados Unidos la ira no solo está aceptada en cierta manera, sino que a menudo se considera como algo BUENO.

Pero nuestras normas y valores culturales sobre la ira nos están metiendo en un montón de problemas.

- «¡Exploté sin más!».
- «¡Solo estaba desahogándome!».
- «¡Me volví loco!».
- «¡Estaba enojadísimo!».

- «Perdí la cabeza!».
- «¡Me cegó el coraje!».

El mensaje de fondo en todas estas explicaciones es que la ira nos controla, no que nosotros la controlemos. Tal vez por esto nos gustan tanto esas películas en las que Liam Neeson vence a todo el mundo. Hablamos de tal manera de la ira que al final acabamos pensando que es una emoción aceptable, que es normal que nos controle y que, si la sentimos, tenemos que actuar en consecuencia. Nos convencimos de que la ira requiere retribución... por lo que consideramos que es nuestro deber asegurarnos de que el entorno responda de manera acorde. Desde que somos pequeños la ira no solo está permitida, sino que incluso se considera una manera positiva de lidiar con una situación.

Eso no significa que la ira sea siempre mala o una fuerza negativa. En Estados Unidos, nadie consiguió nunca la igualdad de derechos pidiéndola amablemente y se la entregaron sin más. Además, la energía que nos proporciona la ira puede ayudarnos a responder de manera apropiada ante ciertas situaciones.

Si mis hijos corrieran peligro, mi respuesta a la ira me impulsaría a protegerlos. Pero la ira que siento cuando la cajera del supermercado se toma su descanso en el momento en que por fin había llegado mi turno después de haber estado haciendo cola durante un buen rato seguramente no será productiva para ninguna de las personas involucradas en la situación.

¿Qué es la ira?

La ira, al igual que todas las emociones, no es ni buena ni mala, ni correcta ni incorrecta.

Simplemente ES.

Las emociones son información y están diseñadas para ayudarnos a tomar decisiones que nos protejan y nos mantengan a salvo. Se desencadenan en la parte media del cerebro, en nuestra amígdala, con base en la información que estemos procesando en aquel momento y en los recuerdos que tengamos de situaciones pasadas.

Las emociones positivas nos mandan un mensaje tipo «Adelante, tú puedes». Como si nuestro cerebro gritara: «¡Sí! ¡Sí a comer galletas! ¡Sí a ir de excursión con los amigos! ¡Sí a las películas divertidas! ¡Me encantan todas estas cosas, hagámoslas!».

En cambio, las emociones negativas son más bien todo lo contrario. Son como un gato encogido en una esquina gruñendo con las orejas hacia atrás. «¡No! ¡No quiero! ¡Esto no me gusta nada y no me siento seguro! ¡Haz que se detenga!».

La ira desencadena una respuesta de luchar / huir / bloquearse.

Sentir una ira apabullante de la chingada es algo normal para los seres humanos, pero que te vuelvas loco no.

Tal y como les digo a mis pacientes... tienes todo el derecho del mundo a ESTAR loco, pero no puedes ACTUAR como un loco.

¿Estás irritado de a madres porque alguien te ganó el lugar de estacionamiento que habías visto primero?

Es totalmente legítimo.

Pero ¿hacer locuras por ello? Pues no es muy útil, la verdad.

No es útil para ninguna de las personas a tu alrededor, ni para la sociedad en general y... por motivos puramente egoístas... tampoco es que sea demasiado útil para ti.

Si nos volvemos locos de manera regular, lo que en realidad estamos haciendo es programar nuestro cerebro para que esté en un estado de exaltación constante que con el tiempo acabará quemando nuestros circuitos (además, durante el proceso iremos alejando a todos nuestros seres queridos). Nos estamos autoprogramando para estar siempre en alerta. Es por eso que reaccionamos mucho más deprisa que antes y percibimos muchas más situaciones como peligrosas, hostiles o amenazantes. Saltamos por cualquier cosa.

Cuando llegamos a este punto, el cerebro no puede descansar ni recargarse nunca, por lo que empezamos a tener problemas con muchas otras enfermedades que se asocian con esta reprogramación. El conjunto de estas enfermedades se denomina *trastorno del sistema nervioso autónomo*. Muchos problemas de salud física habituales (enfermedades cardiacas, hipertensión arterial, alergias alimentarias) y también muchos problemas de salud mental habituales (depresión, ansiedad, TEPT) están relacionados con una respuesta continuada a la exaltación.

Y eso nos lleva de nuevo a la ira, porque en ese aspecto la ira es el peor infractor.

Parafraseando una expresión budista, la ira es como sostener un trozo de carbón incandescente y esperar que la persona con la que nos enojamos se queme.

La ira es una emoción secundaria

¿Sabes cuál es la parte MÁS jodida de la ira?, ¿de esa emoción que en nuestra cultura creemos que puede impulsarnos hacia el éxito? Que ni siquiera es una emoción primaria.

Sé que seguramente ahora te estás preguntando ¿Y qué CHINGADOS quiere decir eso, señorita doctora pretenciosa?

Pues significa que a pesar de que la ira sea la primera emoción que reconocemos en nuestro interior y que actuemos (o reaccionemos) con base en ella, te garantizo que en realidad nunca es la primera reacción que sentimos, da igual cuál sea la situación. La ira es una emoción secundaria.

El mejor modelo que he visto para explicar la ira utiliza el acrónimo IDEN.

IDEN es la conceptualización más sencilla de la ira que puedes conocer.

Los desencadenantes de la IRA son:

- El dolor.
- Las expectativas no cumplidas.
- Las necesidades no cubiertas.

En realidad, la cosa es un poquito más complicada, por supuesto, ya que normalmente no se trata de un único desencadenante, sino de una mezcla maravillosa de todos los anteriores.

Voy a explicarte cómo puedes utilizar eso del IDEN. La próxima vez que te experimentes un enojo monumental plantéate las siguientes preguntas:

1. **¿Estoy dolido?** ¿Ocurrió algo que me hizo sentir inseguro?, ¿amenazado?, ¿poco valorado?, ¿indigno?, ¿poco apreciado?, ¿o simplemente triste de a madres? Teniendo en cuenta todas las cosas que me han enfurecido a lo largo de los años, ¿por qué esta situación me parece especialmente desagradable? ¿Fue por la persona que, según percibí, me estaba haciendo daño? ¿Porque una situación en particular me molestó más que las demás? ¿Puede que eso que según ocurrió me haya supuesto un problema anteriormente? ¿Se trata de uno de esos DESENCADENANTES de la chingada de los que la gente no deja de hablar? Analiza esta situación... ¿por qué estás dolido?

2. **¿Tenía unas expectativas que no se cumplieron?** ¿Mi cerebrito estaba dando saltos de alegría porque esperaba que ocurriera algo en concreto que al final no terminó sucediendo? ¿Era una expectativa razonable? (Sé sincero, eh, joven que nos conocemos). En caso de que fuera razonable, ¿era algo transcendental, iba a cambiarte la vida? Puede que alguien te haya robado el lugar de

estacionamiento a pesar de haber sido el primero en verlo. Vaya chingadera. ¿Era razonable de tu parte esperar que el otro conductor siguiera un protocolo civilizado para estacionarse? Pues claro que sí. Si no, estaríamos al borde del caos social... hay que seguir las pinches normas, carajo. Pero ¿se trataba de un suceso transcendental? No mucho. Ya encontrarás otro lugar vacío (tarde o temprano) para poder estacionarte (tarde o temprano). Y luego seguirás adelante. Analiza esta situación. Primero que todo, ¿tu expectativa era razonable? ¿Se acabó el pinche mundo porque no se cumplió? Hay mierdas que son graves de verdad y otras que no. Sé sincero contigo mismo. ¿Vale la pena sentirse dolido por esta expectativa?

3. **¿Tenía alguna necesidad que no se cubrió?** Esta pregunta ya es más difícil. Porque, ¿cómo podemos definir lo que es realmente una necesidad? Si fueras budista, me contestarías que las necesidades no existen, ¿no? Y a nivel existencial tendrías toda la razón del mundo. Pero a nivel psicológico el cerebro está programado para mantenerte con vida. Si cualquier cosa amenaza la sensación de estabilidad del cerebro, este se te inundará con unas sustancias químicas que gritarán CONTRAATACA directamente a la amígdala.

Algunas cosas tienden a desencadenar esa respuesta de lucha mucho más que otras. ¡Cuando hay peligro inminente, es tan obvio! Necesitamos sentirnos seguros. Necesitamos tener la sensación de que nuestros seres queridos están a salvo. Pero ¿qué pasa cuando tu cerebro percibe una amenaza contra ti, tu pareja, tus hijos o tu perrito? Pues empieza la FIESTA. ¡Protege lo que te importa! ¡PONTE DE MAL HUMOR!

También hay otro tipo de necesidades de seguridad que no podemos pasar por alto. Los seres humanos estamos programados para relacionarnos con los demás. Necesitamos la estabilidad de las relaciones humanas para estar bien. Y el cerebro lo sabe a pesar de que esta mierda de sociedad en la que vivimos no deje de decirnos que solo nos necesitamos a nosotros mismos. Vaya tontería. Vivimos en comunidad no porque haya superpoblación, sino porque lo necesitamos para sobrevivir. Así que cuando hablamos de necesidades también nos referimos a la necesidad de tener seguridad emocional. Necesitamos sentirnos seguros y apoyados en las relaciones que tenemos con otras personas. Necesitamos hacernos una idea de lo que podemos esperar. Necesitamos sentirnos queridos. Esto es mucho más importante que un cabrón nos haya robado el lugar de estacionamiento. Esto se relaciona con nuestra necesidad humana fundamental de sentirnos apoyados por las demás personas del mundo. Necesitamos saber que estamos a salvo con las personas que queremos, que ellas también nos quieren y que no nos van a hacer ningún daño, por lo menos no a propósito.

Tenemos que evitar los callejones oscuros a las dos de la madrugada. Tenemos que alejarnos de ese conductor errático que va zigzagueando por la autopista. Pero también necesitamos una comunidad de gente que nos quiera con locura y que nos haga sentir seguros.

En el momento en que se rompe este contrato, la ira nos golpea con más fuerza, por ejemplo, cuando la persona con la que más necesitábamos sentirnos seguros hace alguna cosa que pone en duda esa seguridad. Seguramente ahora entiendes por qué llevo tantos años siguiendo este modelo para entender la ira. Porque es muy útil para comprender muchas de las situaciones con las que tenemos que lidiar de manera cotidiana.

Saber de dónde proviene la ira es tener más de la mitad de la batalla ganada. En plan, como el 90 por ciento.

¿Cuántas veces tuviste uno de esos momentos en los que de repente comprendiste por qué te sentías de cierta manera e inmediatamente el sentimiento en cuestión se... evaporó?

Y luego está ese otro 10% de las veces, cuando realmente te enfrentas a una chingadera que cuesta un montón manejar.

Pero tal y como dijimos antes, para lidiar con la ira tenemos que hacer lo mismo que para lidiar con cualquier otra información que debemos tener en cuenta para resolver una situación. No es una emoción ni buena ni mala en sí misma, y no tiene que ser la fuerza que impulse nuestras decisiones.

PASA A LA ACCIÓN
¿De dónde viene tu ira?

¿Cuándo fue la última vez que sentiste ira? En un momento en que no estés bajo ningún peligro inminente ni ninguna amenaza real, y después de haber utilizado el modelo IDEN para analizar tus mierdas, considera las siguientes cuestiones:

1. ¿Cuáles fueron las causas subyacentes de tu ira? Una vez que las descubras, reflexiona sobre si eran legítimas o si más bien tenían que ver contigo y tu historia y no con la situación en la que te encontrabas. Si no estás seguro, piensa en el primer momento en que te diste cuenta de que estabas enfurecido. ¿Qué estaba ocurriendo a tu alrededor... imágenes, olores, ruidos, personas? ¿Qué estabas haciendo? ¿Qué estaban haciendo los demás? ¿En qué estabas pensando? ¿Te asaltó algún recuerdo en concreto en aquel momento?

2. Si las causas son legítimas, ¿se trata de algo que debas abordar o de una de esas tonterías de la vida diaria que ocurren sin más, por ejemplo, que te pongan una multa por exceso de velocidad, que no te tomen bien el pedido en un bar, etcétera?

3. Si tienes que abordarlo, ¿cuál crees que es la mejor manera de hacerlo? ¿Cómo puedes corregir la situación alterándola lo menos posible? ¿Qué puedes hacer para evitar salir más dolido en el proceso (a nivel físico, emocional y mental)? ¿Puedes minimizar el dolor de los demás (a nivel a físico, emocional y mental)? ¿Es algo que tengas que abordar enseguida o puede esperar a

que estés más tranquilo y te sientas más seguro? ¿Tienes a alguien con quien hablar que pueda aportarte una perspectiva alentadora y sana... un consejero, un amigo, un mentor, un familiar?, ¿alguien que te conozca, que te quiera, y que esté dispuesto a escucharte si hace falta?

4. Después de actuar (en vez de reaccionar), evalúa los resultados. ¿Funcionó? ¿Crees que podrías volver a utilizar esa estrategia? ¿Todavía sientes ira o más bien te sientes seguro y mejor?

8
ADICCIÓN

Vamos a empezar con una verdad universal. *Casi todo el mundo se vuelve adicto a algo en algún momento de su vida.* Sí, es posible que tú también. Y, sin duda, también yo. Si abriste este libro con la intención de ayudar a algún ser querido, una de las primeras cosas que puedes hacer es reconocer tus propios problemas de adicción.

Sí, sé que decir eso me hace sonar un poco como una cabrona. Pero dame un minuto, te aseguro que mis palabras acabarán teniendo sentido.

La palabra *adicto* procede del latín *addictus*, que significa «devoto o entregado». Esa definición sigue dando en el clavo, ¿verdad?

La adicción fue definida originalmente por los primeros profesionales de la salud mental (Freud y los demás) y los primeros moderadores de los grupos de recuperación entre iguales (Alcohólicos Anónimos y parecidos) con base en lo que vieron, escucharon y pudieron medir en su momento. Entre todos consensuaron que la adicción era el resultado de combinar antojos con un consumo compulsivo. Era un modelo muy simple, pero es el que se utilizó para empezar a tratar la adicción. Sin embargo, en realidad no abarcaba todos los aspectos de la adicción, y menos teniendo en cuenta los estudios más recientes que se hicieron en el campo de la neurociencia.

A pesar de que la comprensión que tenemos actualmente sobre la adicción no es ni de lejos completa, sabemos que es MUCHO más que el resultado de combinar antojos con un consumo excesivo. La neurobiología de la adicción es complicada de a madres, aunque las investigaciones más recientes están empezando a proporcionarnos más información que nunca sobre el tema. Sabemos, por ejemplo, que las sustancias adictivas activan las vías neuronales del placer de nuestro cerebro como si fueran un árbol de Navidad... aunque la intensidad varía según cada individuo. Cosa que explica por qué algunas personas son más propensas a volverse adictas a alguna sustancia, mientras que otras se ven como si nada tras tomar esa misma sustancia. Actualmente también sabemos que la anticipación por consumir puede activar todo tipo de señales de dopamina en el cerebro... lo que sin duda explica las conductas adictivas que no suponen consumir ningún tipo de sustancia adictiva.

Gabor Maté, en su libro titulado *In the Realm of Hungry Ghosts* [En el reino de los fantasmas hambrientos], ofreció la siguiente definición de la adicción que no he dejado de utilizar desde que la leí, incluso la usé en mi tesis doctoral.

La adicción es cualquier comportamiento repetido, esté o no relacionado con sustancias, que una persona se siente obligada a seguir reproduciendo a pesar del impacto negativo que pueda estar teniendo en su vida y en la de los demás.

La adicción supone:

1. Compromiso compulsivo con el comportamiento en cuestión, preocupación por poder llevarlo a cabo.
2. Pérdida del control sobre ese comportamiento.
3. Reincidencia o recaída a pesar de tener evidencias de que ese comportamiento es perjudicial.
4. Insatisfacción, irritabilidad o antojo intenso cuando no podemos tener lo que queremos de manera inmediata, ya sea una droga, una actividad o cualquier otra cosa.

Algunas adicciones son evidentes. La mujer sin techo con marcas de aguja recientes encima de un montón de cicatrices que fue acumulando a lo largo de los años. El hombre que pierde la casa y el coche por culpa de las deudas de juego y tiene que esconderse para que no lo encuentren unos acreedores peligrosos.

Otras adicciones son más suaves, por lo que son más fáciles de perpetrar y aun así seguir levantándose cada día y ser funcional. Por ejemplo, devorar una bolsa de papas fritas o un paquete de madalenas al final de un día duro, o comprarse el octavo par de sandalias negras que nunca nos pondremos.

Algunas adicciones apenas tenemos que excusarlas ante la sociedad, otras nos permiten mantenernos a flote a duras penas, y luego están las que se convierten en una barrera entre nosotros y el resto del mundo. Al final, todo depende del grado de la adicción.

¿Cómo podemos determinar el momento exacto en que algo se transforma en una adicción? Como terapeuta relacional, mi respuesta es simple. *Cuando la adicción se convierte en nuestra relación principal.* Cuando perdemos el control, empezamos a dedicarle tiempo, recursos y energía a la adicción en vez de a las personas a las que queremos. Y, admitámoslo, en vez de... *a nosotros mismos.*

De dónde vienen las adicciones

¿De dónde vienen las adicciones? ¿Y por qué chingados digo que prácticamente todo el mundo es adicto a algo?

Cuando perpetramos una adicción hasta el punto de priorizarla por delante de las relaciones que tenemos con otras personas, se convierte en un problema. Pasa de ser una estrategia de afrontamiento que nos calma a controlarnos por completo.

La adicción es el dominio de las personas sensitivas, de los empáticos, de las personas que descubren a una temprana edad las partes más oscuras, recónditas y rotas de la sociedad. Enseguida aprendemos que señalar estas discrepancias puede ser motivo de castigo. Y se nos dice que los chicos buenos no reparan en este tipo de cosas. Y si reparan en ellas, DESDE LUEGO no lo dicen en voz alta. Así que empezamos a asumir la responsabilidad por toda esa oscuridad. No hacemos más que tragar y luego todas esas mierdas nos carcomen por dentro. Todo se convierte en culpa nuestra. Claramente no somos buenas personas. No es seguro establecer relaciones con los demás. La única manera de poder salir adelante es con estrategias de afrontamiento y apoyo.

Si sufriste algún trauma, si te hicieron tanto daño que ya no confías en el mundo, es mucho, muchísimo más probable que seas susceptible a caer en una conducta adictiva.

Se puede decir que todos usamos algo que nos ayude a sentirnos mejor en algún punto de nuestras vidas. Porque siempre llega un momento en que nos morimos de ganas por tener algo que no tenemos. Así que empezamos a satisfacer esa necesidad con otras cosas. Sustancias, comportamientos, actividades. Sin duda, sea lo que sea, nos servirá durante un tiempo. Nos calmará esa ansia devoradora y nos ayudará a olvidar lo que realmente necesitamos.

En realidad, las adicciones no son más que técnicas de afrontamiento que fracasaron.

La adicción y las técnicas de afrontamiento saludables están separadas por una línea gris enorme y difusa. Y en esa área amplia y confusa es donde empezamos a perder el control sobre nuestras técnicas de afrontamiento, ya sea una sustancia, una actividad o un comportamiento, hasta que estas acaban controlándonos y apoderándose de cada vez más aspectos de nuestra vida. Se supone que las estrategias de afrontamiento deberían ayudarnos a mantenernos anclados y salir adelante en épocas difíciles. Pero en ningún momento deberían sustituir nuestra realidad ni nuestras relaciones reales. Así que si llegamos al punto en el que ya no podemos estar con la gente que queremos... en el que ya no nos sentimos completamente seguros en nuestro interior... significa que lo que hasta ahora habíamos estado usando para salir adelante acabó convirtiéndose en una adicción.

Cómo podemos sanar

Los tratamientos de la adicción se dividen básicamente en dos grandes categorías. El modelo tradicional se basa en la abstinencia. Es decir, en no reincidir para nada en la adicción en cuestión... esta es la única manera de sanar que contempla. En cambio, el otro modelo se basa en la reducción de daños. Consiste más bien en negociar con la adicción, en encontrar la manera de reducir el daño que esta nos está produciendo. Vamos a hablar sobre cómo funcionan algunos de estos tratamientos en la práctica.

Los tratamientos basados en la abstinencia

Me crie en un entorno muy marcado por AA, Alcohólicos Anónimos. Mi padre estaba en proceso de recuperación, así que pasamos un montón de tiempo en reuniones de AA, eventos, conferencias y acogiendo a gente en casa que empezaba su camino hacia la sobriedad. Cuando los grupos de AA se crearon hace unos ochenta años, fueron un concepto único. Se basan en la idea de que gente que vivió esa experiencia apoye y ayude a otras personas a encontrar su propio camino hacia la sobriedad. Consiste en rendirse ante una entidad superior, sea la que sea para cada individuo. Muchas personas que tienen problemas con la religión se sienten incómodas ante este planteamiento. Y, además, algunos grupos de AA establecieron normas excluyentes. Por ejemplo, muchos grupos creen que estar sobrio significa no tomar ninguna sustancia que altere la mente, ni siquiera medicamentos para tratar trastornos de salud mental.

Es una auténtica pena porque el modelo de AA puede ser muy beneficioso para el proceso de sanación. ¿Qué significa en realidad una entidad superior? Puede que para algunas personas eso sea la comunidad que les rodea, o tener relaciones sanas, o estar en sintonía con su propia voz. No tiene que ser ningún dios omnipotente. Y tampoco deberías sentirte obligado a dejar los medicamentos que te mantienen cuerdo mientras intentas librarte de las adicciones que precisamente te llevaron por el camino de la locura.

Hay muchos grupos que respetan esta variedad de creencias, por ejemplo, Alcohólicos Anónimos, Narcóticos Anónimos, Comedores Compulsivos Anónimos, Afectados de Patología Dual Anónimos o cualquier otro programa de doce pasos. Se convocan reuniones en línea durante las veinticuatro horas del día y en la mayoría de las comunidades del mundo entero. También existen reuniones específicas para grupos de individuos que puede que no se sientan cómodos en las reuniones generales, como los grupos de Alcohólicos Anónimos Lambda, que fueron creados por individuos LGTB en proceso de recuperación, y el movimiento Wellbriety, que se centra en las necesidades específicas de los nativos americanos.

También existen otros programas aparte del modelo tradicional de los doce pasos basados en la abstinencia, como SMART Recovery, Save Our Selves / Secular Organizations for Sobriety (SOS) y Women for Sobriety. Estos programas llevan bastante tiempo en funcionamiento, pero se centran en estudios más recientes sobre la sobriedad para poder ser más efectivos. Este tipo de programas suelen estar más centrados en la autoeficacia / un mayor control interno que en el apoyo relacional / de una entidad superior.

Acabo de explicarlo todo de manera muy simplificada, pero lo que quería dejar claro es que hay otras opciones para alcanzar la sobriedad que no siguen el modelo de los doce pasos. Cuanto mayor sea tu abanico de opciones, más posibilidades tendrás de encontrar el método que mejor encaje contigo.

Los tratamientos basados en la reducción de daños

Hay dos casos en los que el tratamiento de reducción de daños es la mejor opción:

1. Cuando es lo que TIENES que hacer.
2. Cuando es lo que QUIERES hacer.

La cuestión es que hay adicciones que podemos abandonar por completo y de las que podemos recuperarnos gracias a la abstinencia total. Al fin y al cabo, se puede vivir perfectamente sin beber alcohol ni comprar ningún boleto de lotería.

Pero otras veces la abstinencia total no es una opción viable. ¿Eres adicto a la comida? Pues vas a tener que seguir comiendo cada día. La mayoría de los adictos al trabajo no tienen suficiente dinero como para dejar de trabajar e irse a meditar en un ashram como parte de su camino de recuperación.

¿Eres un adicto al sexo? Aunque en teoría en este caso la abstinencia podría considerarse una estrategia de tratamiento viable, todavía no he trabajado nunca con nadie que esté dispuesto a renunciar al sexo por completo. Y eso sin tener en cuenta que la mayoría de mis pacientes tienen parejas que tampoco están dispuestas a renunciar al sexo.

Es más, hay personas que no QUIEREN renunciar a la sustancia o al comportamiento al que son adictos. Por ejemplo, alguien a favor del sexo positivo podría seguir queriendo ver porno consciente y ético sin que este le controle la vida. O puede que un paciente quiera seguir utilizando sustancias, pero de manera controlada, sin dejar que impacten en su vida de manera tan negativa.

Y sí, lo sé. Algunas adicciones son tan increíblemente peligrosas que es probable que la abstinencia sea la única manera de salir con vida. ¿Eres adicto al *crack* o a la cocaína? Pues será mejor que no intentes usar esas sustancias con moderación.

Sin embargo, la mayoría de los programas de recuperación basados en la abstinencia no toleran la desintoxicación basada en la reducción de daños ni el uso de sustancias menos dañinas para mitigar los efectos derivados de dejar de consumir otras más perjudiciales. Por ejemplo, en Estados Unidos se ha debatido mucho sobre el uso de la metadona (legal) y la marihuana (legal solo en algunos estados) como apoyo a la recuperación del consumo de otras drogas más duras.

Algunas sustancias requieren una desintoxicación médica (el alcohol y la heroína son las más conocidas) para prevenir complicaciones médicas graves e incluso la muerte. Desintoxicarse no es lo mismo que tratar la adicción o recuperarse, por supuesto. Su único propósito es asegurar que sobrevivamos a la fase médicamente peligrosa de sacar el tóxico de nuestro sistema para que luego PODAMOS pasar a la fase de tratamiento y recuperación.

Desintoxicarse de ciertas sustancias es una chinga, de eso no cabe duda, incluso aunque no supongan ningún riesgo médico. Cualquier persona adicta a la cafeína sabe lo mal que se la pasa cuando no se toma su dosis. Es una pinche mierda, por decirlo de alguna manera.

Desintoxicarse por completo (ya sea en una instalación médica o encadenándote a la cama para mantenerte lejos de la cafetera) puede suponer una gran barrera para muchas personas. Aunque en Estados Unidos cada vez hay más programas médicos gratuitos, obviamente estos no incluyen compensaciones monetarias por el salario perdido durante el tiempo de ingreso, guardería, etcétera.

Por todos estos motivos y más, cada vez hay más gente que opta por un tratamiento basado en la reducción de daños.

En Estados Unidos existen programas formales que siguen estos preceptos a nivel nacional, por ejemplo, Moderation Management. Además, muchos profesionales que trabajan con el tratamiento de adicciones utilizan un amplio abanico de estrategias de reducción de daños en sus sesiones como parte de la terapia. Y sí, yo también soy una de esas profesionales.

Hay quien piensa que los pacientes deben abstenerse por completo de su adicción antes de empezar a ahondar en los aspectos emocionales, pero soy más bien de la opinión de que muchas personas utilizan los comportamientos adictivos para lidiar con sus traumas, por lo que hay que trabajar esos traumas subyacentes y encontrar otras estrategias de afrontamiento para que puedan dejar su adicción. Hasta que la adicción no se convierta en la estrategia de afrontamiento menos útil de su repertorio, será muy difícil tratarla.

Calma tu pinche adicción

Así que, en vez de pedirles abstinencia a mis pacientes, les pido lo siguiente.

Lo que voy a decir ahora se basa totalmente en el mundo según la doctora Faith. No tengo más razón ni menos que otras personas, aunque es cierto que llevo trabajando muchos años en este campo y gracias a ello encontré distintas maneras de apoyar la recuperación que encajan mejor tanto con los pacientes con los que trabajo como con mi manera de ver el mundo/mi estilo de tratamiento.

Cualquiera que afirme haber descubierto la MEJOR manera de tratar la adicción es un mentiroso de cuidado. Yo nunca afirmaría semejante tontería. Así que tómate mis sugerencias como lo que son, sugerencias. Utiliza solo lo que pueda servirte y olvídate del resto.

1. **Ten en cuenta que las adicciones sustituyen relaciones.**
   Nuestras mierdas se convierten en adicciones cuando empiezan a sustituir relaciones auténticas con las personas que nos rodean e incluso con nosotros mismos. Y entonces nos ponemos al servicio de la sustancia o del comportamiento en cuestión. No es que la adicción sea un elemento más de nuestra vida, sino que se convierte en lo primordial. Recuperarse de la adicción implica darse cuenta de todo eso. Tal vez tengas la sensación de que no tienes ninguna relación que valga la pena

salvar. Tal vez pienses que ni siquiera vale la pena salvarte a TI MISMO. No estoy de acuerdo con eso, pero sé que no depende de mí. Sin embargo, me gustaría sugerirte, amable lector, que te plantees la posibilidad de que se pueden tener buenas relaciones. Y que tu adicción es una hija de la chingada que nunca te querrá como te mereces. Cuando estés invirtiendo tiempo en tu adicción, reflexiona sobre qué necesidades estás satisfaciendo y si realmente esa es la manera ideal de hacerlo. En el momento en que tomamos consciencia de nuestra relación con la adicción y nos recordamos que estamos eligiendo la adicción por encima de nosotros mismos y de los demás, cada vez se vuelve más difícil seguir tomando esa decisión. No te pongas a consumir sin ser consciente de lo que estás haciendo. Cada vez te resultará más difícil joderte a ti mismo y a las personas que quieres si lo haces con consciencia y propiedad.

2. **Tienes el control sobre ti mismo. En serio, aunque tengas la sensación de que no es así, incluso aunque creas que nunca has tenido el control.** A fin de cuentas, solo conseguirás cambiar el consumo si tú quieres cambiarlo. Y solo querrás cambiarlo si quieres estar mejor y quieres que tus relaciones sean mejores. Incluso aunque un juez te obligue a hacer rehabilitación, en el fondo, tu sobriedad dependerá exclusivamente de lo mucho que la desees, ¿verdad? Da igual lo que digan los demás, en última instancia lo que hagas o dejes

de hacer dependerá exclusivamente de ti. Recuér-
datelo cuando notes que empiezas a enojarte
contra la autoridad. ¿Qué es lo que TÚ quieres?
¿Y lo que estás haciendo te está ayudando a alcanzar tus objetivos?

3. **Es mucho más fácil EMPEZAR a hacer algo nuevo que DEJAR de hacer algo viejo.**
A muchos médicos excelentes les asusta trabajar
con individuos con adicciones porque creen que el
objetivo es conseguir que dejen de hacer algo. En
cambio, yo lo abordo al revés, me centro en añadir
comportamientos sanos y construir relaciones
más sanas en vez de en la adicción en sí. Puede que
anime a mis pacientes a tomar consciencia de algunas de las historias o comportamientos relacionados con su consumo, pero no acostumbramos a
centrarnos en la adicción propiamente dicha.
Cuando construyes una versión más sana de ti
mismo, por lo general acabas necesitando cada
vez menos tu adicción como estrategia de afrontamiento. Hace poco me preguntaron: «¿Cuántas
veces te encuentras con que hacer terapia consiste
simplemente en conseguir que la gente salga más
de casa?». ¿Y sabes cuál es la respuesta? ¡¡¡Un
montón!!! Tampoco tienes que ponerte en plan
sanote total, pero sí puedes incorporar alguna
pequeña cosa en tu día a día que te haga sentir
mejor en vez de peor. Presta atención a cómo te
sientes haciendo ESA cosa en vez reincidiendo
en tu adicción.

4. **Recuerda que la sobriedad y la recuperación son un espectro.**
Eres tú quien tiene que decidir en qué punto del espectro te conviene más estar en cada momento y cuándo cambiar de posición. Opta por la abstinencia si es lo que te funciona, o por la reducción de daños si te va mejor. Parte del camino consiste en comprender quién eres y quién puedes llegar a ser por tu adicción. Trabajé con pacientes que enseguida se dieron cuenta de que si jugaban aunque fuera una sola partida de póker, luego se pasaban un mes metiéndose heroína. Solo estaban a salvo si practicaban la abstinencia total. Pero también trabajé con otros pacientes que decidieron reducir el consumo de drogas duras con marihuana. Unos cuantos acabaron dejando también la marihuana más adelante (la marihuana no es legal en el estado donde vivo, así que su consumo acarrea unos riesgos legales inherentes) y otros continuaron usando marihuana para sustituir otras drogas más duras durante años sin recaer ni una sola vez. Tal y como insinué al mencionar la legalidad de la marihuana en mi estado, cada uno es responsable de las consecuencias de su comportamiento, por supuesto. Por ejemplo, si te ves obligado a hacerte un test de drogas y das positivo, no le eches la culpa a este libro.

5. **Déjate de tonterías.**
Tanto contigo mismo como con los demás. Deja de contarles mentiras a los demás, de convencerte

a ti mismo de que estás tomando buenas decisiones cuando sabes perfectamente bien que no es verdad. Déjalo. Puede que no hayas tenido mucho control sobre tu vida hasta ahora, pero te doy permiso para que lo RECUPERES. Tienes que ser total responsable de tus acciones. Si reincides en tu adicción, admítelo con honestidad. No culpes a nadie más. Recuérdate que reincidir en tu adicción es una decisión que estás tomando por ti mismo. Tómala con consciencia. En vez de decir «Mi pareja terminó conmigo, así que es culpa suya que haya vuelto a consumir, no puedo lidiar con todo esto», prueba con «Mi pareja terminó conmigo y eso desencadenó todos mis problemas con el abandono. Decidí consumir porque es la estrategia de afrontamiento que mejor me ha funcionado hasta ahora y en este momento intentar hacer otra cosa me resulta abrumador». Es posible que te resulte más difícil hacerte daño con tu adicción si te responsabilizas de manera consciente de ella.

6. **Toma consciencia de tus desencadenantes.**
Si cierras los ojos con fuerza, seguirás dándote de golpes con todo. Pero si mantienes los ojos abiertos y fijos en el terreno, podrás empezar a dibujar un mapa. Cuando te descubras a ti mismo reincidiendo en tu adicción, vuelve sobre tus pasos para comprender cómo llegaste hasta ahí. El acrónico HESC es muy importante en el tratamiento de la adicción... ¿Tengo hambre? ¿Estoy enojado? ¿Me

siento solo? ¿Estoy cansado? Cuando consigas vin-
cular la toma de consciencia de tus desencadenantes con la responsabilidad por tus actos, cada vez te
resultará más difícil seguir por el camino de la
adicción.

7. **Perdónate las cagadas.**
Seguramente la has cagado. Yo también. Bieeen;
somos seres humanos. Muéstrate un poco de
autocompasión. La autocompasión es lo opuesto
a la autoestima. Se trata más bien de lo que ocurre en tu interior, no de los éxitos y los fracasos
exteriores. Significa perdonarte por tus fracasos y tu incompetencia humana. Y no, eso no te
da carta blanca para comportarte como un hedo-
nista de la chingada. De hecho, si tomas consciencia de tu fragilidad humana y cuidas de ti
mismo en los momentos de mayor fragilidad y
desequilibrio, los estudios muestran que en realidad acabas siendo *más* responsable de tus acciones. Kristin Neff escribió un libro maravilloso
titulado *Self-Compassion* [Autocompasión]. Te recomiendo que lo leas si no lo has hecho ya. A mí
me cambió la vida.

8. **Y perdona las chingaderas que te hicieron.**
Lo sé. Aguantaste un montón de mierda a lo largo de tu vida. Te ocurrieron cosas realmente horribles, y siguen ocurriéndote. A veces los demás
pueden llegar a ser unos hijos de la chingada de
cuidado. Pero perdonar no tiene nada que ver
con ellos, sino con la cantidad de mierda que

CALMA TU PINCHE CABEZA

quieras cargar siempre a cuestas. Supongo que no mucha. Perdonar no significa consentir actitudes de mierda. Al contrario, te ayudará a marcar más claramente los límites para que aprendas a protegerte mejor en un futuro. Y te abrirá la puerta a mantener conversaciones más reales con la gente que tienes a tu alrededor en vez de hablar solamente con tus demonios.

9. **Anticípate a tu humanidad imperfecta continuada.**
Esfuérzate por hacerlo lo mejor posible. Pero ahora en serio. En algún momento la vas a cagar. Puede que hasta recaigas. ¿Y sabes qué? Podemos ganar o aprender. Así que toma tus errores como una nueva manera de recabar información sobre ti mismo. ¿Qué hiciste de manera distinta esta vez? ¿Qué lección puedes sacar de esta experiencia para no volver a hacerlo igual la próxima vez? Reconocer tus cagadas requiere mucha valentía. Y no hay duda de que tienes la capacidad de ser muy valiente.

PASA A LA ACCIÓN
¿En qué momento puedes decir que sí?

A menudo la adicción se trata como una falta de fuerza de voluntad. Nancy Reagan nos dijo que era muy fácil... que lo único que tenemos que hacer *es decir NO*.

Es por eso que nuestro diálogo interno puede sonar un poco así. ¿Por qué a veces no podemos decir que no? ¿Por qué somos incapaces de hacerlo sin más? Esa manera de pensar desencadena una espiral de vergüenza y nos bloquea la capacidad de ser autocompasivos.

Teniendo en cuenta que las adicciones no hacen más que sustituir otras relaciones, deberíamos dirigir nuestros primeros pasos para la recuperación en esa dirección.

Así que siéntate y haz una lista:

¿A qué le puedes decir que sí?

No en sustitución de tu adicción. No en vez de o a cambio de dejar de hacer otra cosa. Al fin y al cabo, la vida no es un juego de suma cero. Y pedirte que renuncies a lo que más te ha ayudado hasta ahora tampoco sería justo. Sé que ese es el objetivo final, por supuesto. Pero no tenemos que empezar por ahí si no estamos listos.

Lo único que tienes que hacer es decir sí a algo nuevo, a algo que antes te encantaba hacer, pero que ahora ya nunca haces, a algo que siempre has querido intentar.

Vuelve a expandir los límites de tu vida añadiendo alguna cosa. ¿Qué ocurrió? ¿Qué cambió? ¿Qué más necesitas ahora? ¿Qué dejaste de necesitar?

9
DEPRESIÓN

Depresión es una de esas palabras que utilizamos tantísimo y de manera tan indiscriminada para cualquier cosa que está perdiendo su significado. Me declaro culpable de haber contribuido a ello, y seguramente tú también lo hiciste. Llegué a utilizar la palabra *deprimida* para expresar cómo me sentí el día en que el supermercado Whole Foods dejó de vender mis galletas de jengibre favoritas, aunque en realidad hubiera sido mucho más adecuado describir mi estado mental como *estoy muy enojada porque tengo la sensación absurda de que me arrebataron un derecho*.

Depresión no es que tu equipo vaya perdiendo en la prórroga, perder tu reloj favorito, que te despidan del trabajo o romper con tu pareja. No hay duda de que todas estas situaciones son una mierda a distintos niveles, pero en el fondo todas son pérdidas que provocan distintos niveles comprensibles de duelo (el tema del que precisamente hablaremos en el próximo capítulo). El duelo y la pérdida pueden sin duda ser traumáticos y causar depresión. Pero con el espacio y el tiempo suficientes podemos sanar. La depresión es un problema mucho más insidioso. Y a veces no tiene nada que ver con una pérdida identificable.

Al igual que la ansiedad, la depresión está relacionada con la bioquímica del estrés. La ansiedad es una respuesta excesiva a las hormonas del estrés. Es el cuerpo intentando entrar en modo supervivencia para protegerse a sí mismo con base en lo que cree que es cierto. *La ansiedad es una respuesta bioquímica excesiva al estrés.*

La depresión es la manera que tiene el cuerpo de decir «Nada de lo que haga va a servir de nada, todo va a ser una mierda pase lo que pase». La depresión es una respuesta de impotencia bioquímica aprendida frente al estrés.

La depresión es la manera que tiene el cuerpo de decir «Si nada de lo que hago va a suponer ninguna diferencia, ¿qué sentido tiene gozar de CUALQUIER COSA?». Robert Sapolsky define la depresión como «Un trastorno genético y neuroquímico que requiere un fuerte desencadenante ambiental cuya manifestación característica es la incapacidad de apreciar una puesta de sol». Yo la defino como *un caso clínico de estar bien jodido.*

En su libro *Tribu*, Sebastian Junger escribe sobre la depresión y la relaciona con la ira, pues ambas aparecen cuando alguna cosa desencadena la respuesta de luchar, huir o bloquearse. Si la ira es nuestra manera de prepararnos para luchar, la depresión es la manera que tiene el cerebro de prepararnos para agachar la cabeza... para que nadie repare en nosotros, para que no estemos muy activos, para que no hagamos nada que pueda ponernos en más peligro.

La depresión no es lo mismo que la tristeza, el duelo o tener que lidiar con el trauma o la pérdida. La depresión provoca un apagón de todo lo que hace que ser humano resulte una experiencia feliz. El mayor síntoma de la depresión y el más consistente es la *anhedonia*, que no es más que una palabra muy enrevesada para referirnos a la incapacidad de sentir placer. Si analizas la palabra, verás que básicamente significa «ausencia de hedonismo». Las personas que sufren depresión experimentan un montón de sentimientos: culpa, vergüenza, ira, irritabilidad, impotencia, pena abrumadora. Pero pocas veces viven experiencias de placer, gratitud, conectividad y alegría. Y cuando lo intentan, casi siempre tienen la sensación de que les están arrebatando algo. La depresión nos roba todas las cosas maravillosas que hacen que valga la pena ser humano.

La palabra *depresión* viene del latín *deprimere*, que significa «presionar hacia abajo». Sí, eso es. La depresión es como un ancla que literalmente nos hunde en el barro. Para que te diagnostiquen un trastorno depresivo mayor tienes que haber sufrido de anhedonia cada día durante al menos dos semanas. Otros de los síntomas muy pero que muy comunes son:

- Poca energía / fatiga.
- Dolor crónico de baja intensidad.
- Concentración de mierda, dificultad para tomar decisiones.
- Sentirse culpable o inútil.
- Dormir un montón (ya sea por no dormir o por dormir mal).
- Sentirse muy inquieto o muy lento (como si estuvieras debajo del agua o tuvieras el cerebro rodeado de algodón).
- Pensamientos intrusivos sobre la muerte (ideación mórbida) o sobre el suicidio (ideación suicida).
- Cambiar los hábitos alimentarios (y, en consecuencia, perder o ganar un 5% de tu peso).
- Irritabilidad, ira, poca tolerancia al sufrimiento.

¿Y cómo dices que funciona eso de mejorar?

La mala noticia es que no hay ningún camino mágico para curar la depresión. Sin embargo, eso TAMBIÉN son buenas noticias. Porque significa que puedes buscar el camino que sea más adecuado para ti. Y cualquiera que te diga que no estás sanando de manera correcta puede irse a la mierda. Porque nadie tiene la respuesta mágica a la pregunta de cuál es el mejor tratamiento a seguir. Lo más importante es que seas consciente de las muchas opciones que hay disponibles para que puedas elegir... sobre todo teniendo en cuenta que habrá gente que intentará imponerte su visión sobre cómo tratar la depresión.

Hace muy poco que los profesionales de la salud mental empezaron a incorporar el cuidado especializado en el trauma a sus sesiones. Si la depresión es el resultado de la suma de una predisposición y unos desencadenantes, ¿verdad que tiene sentido que analicemos algunos de esos desencadenantes? Sí, sé que ya hablamos de este tema. Pero me gustaría hacer un repaso general.

No hay prácticamente ninguna parte de nuestra programación genética que esté grabada en piedra. Solo entre el 2 y el 5% de TODAS las enfermedades están relacionadas con un gen defectuoso. Sin embargo, en nuestro ADN se esconden muchas muchas MUCHAS enfermedades que podrían activarse si se dieran las condiciones adecuadas. Tenemos una palabra superpretenciosa para referirnos justamente a eso, *epigenética*.

Eh, espera un momento, doctora. Si dices que alguna cosa me activó la depresión, ¿significa eso que puedo desactivarla?

Mi respuesta de terapeuta insoportable es que *es bastante improbable.*

Si sabes o tienes fuertes sospechas de que tu trastorno del estado de ánimo está basado en un trauma jodido, entonces tal vez tenga un montón de sentido tratar el trauma junto con todos los demás síntomas.

Eh, señora, ¿me estás diciendo que tal vez no tenga que seguir tomando medicación durante el resto de mi vida? ¿Que tal vez no se lo transmita a mis hijos? ¿Que tal vez no empeore año tras año tal y como ha sucedido hasta ahora?

Me temo que la respuesta vuelve a ser que *es bastante improbable*. Puaj. Ojalá tuviera una solución mágica. Lo que sí puedo decirte es que las personas tienden a manejar mucho mejor sus trastornos de ánimo una vez consiguen desentrañar todas las mierdas de sus traumas. Entonces son capaces de lidiar mucho mejor con cualquier desencadenante presente y futuro. A veces ni siquiera les afecta mucho. O por lo menos son capaces de decir: «Qué situación más jodida, lo que necesito ahora es una ayudita de Buda». Si toman medicación, muchas veces consiguen por lo menos reducir la dosis o encontrar la manera de no tener que aumentarla año tras año como habían estado haciendo hasta ahora.

Y sí, también fui testigo unas cuantas veces de la remisión completa de los síntomas. Es posible.

Tampoco tenemos por qué perpetuar los ciclos del trauma de manera inconsciente con nuestros hijos. Podemos enseñarles los mecanismos de afrontamiento saludables que aprendimos a lo largo de nuestra vida. (¿Te interesaría leer un buen libro sobre el tema? *Tus hijos a prueba de traumas,* de Peter Levine). Y si nuestros hijos también acaban teniendo problemas, seremos los primeros en abogar para que busquen ayuda de forma inmediata y precoz para evitar que se metan en líos con el sistema. Y no vamos a tolerar ni media tontería del sistema escolar ni del sistema de salud mental mientras buscamos esa ayuda. Porque ni de chiste vamos a dejar que nuestros hijos sufran lo mismo que sufrimos nosotros.

Soy consciente de que este es uno de los temas más duros. Cuesta hablar de manera distendida sobre una enfermedad que tiende a comerse viva a la gente. Pero igual que con los demás casos que vimos, creo firmemente en que comprender las raíces bioquímicas del problema puede resultar muy útil para sentirse menos atrapado y loco. La depresión no te define. No significa que seas débil ni que hayas hecho algo malo. No merecías que te ocurriera esto. No es ningún castigo. Simplemente se juntaron los astros de la genética y de los desencadenantes, por lo que ahora tienes que esquivar y sortear mientras corres sin parar en dirección a la recuperación.

Las personas que sufren depresión (o cualquier otra enfermedad mental) son de todo MENOS locas.

Son sobrevivientes y luchan contra una química cerebral completamente contraria a todo lo que hace que valga la pena vivir. ¿Saben qué opino de todas las personas que están viviendo esto, que están diciendo «Vete a la mierda, depresión, hoy no me vas a ganar»?

Que son las personas más valientes que conozco.

Sigan luchando.

ACTIVIDAD
Lo que quiero recuperar

La principal diferencia entre la depresión y la tristeza es lo mucho que la primera nos roba cuando nos ataca. Es como vivir en un estado policial en el que no solo se castigan los comportamientos, sino también los pensamientos. La depresión nos quita la vida y la *voluntad* de vivir.

¿Alguna vez te encontraste en esta situación? ¿O te encuentras actualmente en esta situación?

Me encantaría que ahora mismo tomaras el teléfono y empezaras a pedir ayuda. A tus amigos y familiares, y también a profesionales. Sé lo mucho que cuesta hacer esa llamada... y lo difícil que es conseguir la ayuda que estás pidiendo a gritos. Es abrumador.

Pero también sé que, si estás leyendo este libro y llegaste tan lejos, en realidad ya estás yendo en esa dirección. Estás empezando a vislumbrar la idea de «Al diablo con toda esta mierda, quiero recuperar mi vida».

¿Y si tengo razón? ¿Qué es lo que más ganas tienes de recuperar? De entre todas las cosas que la depresión te robó y que hacen que valga la pena vivir, ¿qué extrañas más ahora mismo? No tiene por qué ser algo muy grande, lo que sea. De hecho, incluso mejor que sea algo pequeño, así será más fácil arrebatárselo a la depresión.

Una vez hayas descubierto qué es lo que más extrañas, no tienes por qué hacer nada más a no ser que quieras. El objetivo de esta actividad es recuperar la *idea criminal* que la depresión te prohibió tener. La idea de que puedes mejorar y que te mereces hacerlo. La idea de que ahí fuera hay un mundo en el que tienes derecho a participar e incluso disfrutar.

Empecemos por ahí. Anota esas ideas. Recuerda ese mundo. Este es el inicio de tu nueva historia.

10
LA IMPORTANCIA DE HONRAR EL DUELO

¿Te acuerdas de cuando hablamos sobre la línea temporal de la recuperación del trauma? Aunque no pudimos determinar el número mágico de días que necesitamos para sanar, los investigadores descubrieron que el periodo de tiempo fundamental para restablecer la estabilidad es de noventa días. Y que los primeros treinta son la parte más frágil y necesaria del proceso. Si alguna cosa altera esa experiencia, es mucho más probable que acabemos teniendo síntomas del trauma a largo plazo, tanto depresión como ansiedad o un montón de enfermedades mentales.

Lo más importante para no crear una respuesta al trauma consiste en tener un espacio para pasar el duelo. El duelo por el daño sufrido. El duelo por lo que perdiste. El duelo por la vida que querías y que ahora ya no es la misma.

Las enfermedades mentales como la depresión y la ansiedad tienen una importante predisposición genética, pero los estudios concluyeron que aun así requieren un evento desencadenante. A menudo el duelo no resuelto puede actuar precisamente como desencadenante. No tener espacio para sanar puede provocar cambios bioquímicos en el cerebro.

Pero nunca es demasiado tarde, sabes. Da igual si pasaron treinta días o treinta años. Muchos consideran que para conseguir sanar una respuesta consolidada al trauma hay que volver atrás y pasar el duelo que nunca tuviste la oportunidad de pasar. El duelo nos asusta un montón, tanto el nuestro como el de otras personas. Es como tirarnos en caída libre completamente a oscuras y sin ver el fondo.

Cuando no nos permitimos o no nos permiten pasar por el proceso de duelo, este puede acabar derivando en una experiencia de «duelo traumático». Este tipo de duelo no resuelto puede acabar convirtiéndose en una enfermedad mental. Vamos a trabajar para dejar de lado toda esta mierda y centrarnos en honrar el duelo.

Y esto empieza por la manera en que hablamos del duelo, apoyamos a otras personas que están de duelo y conseguimos el apoyo que necesitamos en nuestro proceso de sanación. El duelo es el proceso fundamental de dejar ir. En su libro *How Can I Help?* [¿Cómo puedo ayudar?], la autora June Cerza Kolf señala que el mayor miedo que tenemos los seres humanos es el miedo al abandono. C. S. Lewis en su libro *Una pena en observación* afirma:

Nadie me dijo nunca que la pena se siente casi igual que el miedo.

El duelo es la constatación de la certeza del abandono. Es nuestro peor miedo hecho realidad.

Tiene sentido, pues, que no hablemos mucho del duelo. Porque nos asusta un montón. Tenemos miedo a invocarlo solo con sacar el tema. Aunque a nivel mental sepamos que el abandono es una parte inevitable de la experiencia humana, sigue dejándonos fuera de combate cuando eso ocurre.

Cuando hablamos de duelo, lo primero en que pensamos siempre es en la muerte. Pero el duelo incluye cualquier tipo de pérdida, cualquier tipo de abandono que suframos en nuestra vida. Podemos estar de duelo por perder un trabajo, una relación (sea por el motivo que sea, no solo por la muerte) o un estilo de vida al que nos habíamos acostumbrado. También podemos estar de duelo por un cambio, aunque sea positivo. Casarse puede ser maravilloso, pero aun así podemos estar de duelo por la pérdida de nuestros días de soltería. Convertirnos en adultos es algo que todos deseamos hasta que llega el momento de pasar el duelo por una infancia llena de libertades y carente de decisiones que tomar.

En nuestra cultura, estamos más acostumbrados a poseer que a renunciar. La pérdida (el abandono) es una renuncia obligada, y prácticamente carecemos de mecanismos para sanar o apoyar el proceso de sanación de otros. Nunca hablamos sobre la inevitabilidad de que tendremos que *dejar ir* lo que creemos que poseemos.

CALMA TU PINCHE CABEZA

¿Qué es el duelo?

Estar de duelo significa sencillamente *sentir una pena profunda*. La palabra *duelo* proviene del latín *duellum*, que significa «dolor». El duelo es literalmente un dolor que tenemos que cargar.

En su libro *In the Realm of Hungry Ghosts*, Gabor Maté nos cuenta que el dolor emocional activa el cerebro de la misma manera que el dolor físico. Cuando estamos dolidos, LITERALMENTE nos duele. Es un dolor físico, igual que un hueso roto o una enfermedad física grave.

Esta definición del duelo es muy simple. Sin embargo, el duelo tiene la mala costumbre de no ser nunca tan simple. Hay distintos tipos de duelos complicados:

- El duelo puede ser *complejo*, sobre todo cuando se encadenan varias pérdidas lo bastante seguidas como para que se nos mezclen.
- El duelo puede ser *anticipatorio*, es decir, que en ciertas ocasiones sabemos que el duelo es inminente y entonces sufrimos durante todo ese tiempo hasta que finalmente se produce la pérdida. Pero el hecho de haber sufrido de manera anticipada no implica que luego tengamos menos dolor.
- El duelo puede ser *desestimado*, es decir, que puede que otras personas de nuestro círculo social o de la cultura en la que vivimos no reconozcan lo grave que es. Tenemos normas culturales que

nos dictan el nivel de duelo que podemos sentir, ¿o no? Un aborto se considera una pérdida menor que la de un hijo. Una mascota se considera menos que una persona. Un vecino menos que un padre. Una antigua pareja menos que la actual. Puede que también se desestime el duelo si la relación no era muy sana. A veces el alivio se mezcla con el duelo y eso puede acabar provocando un sentimiento de culpa. Un ejemplo común de duelo desestimado es la pérdida de un padre abusivo.

- El duelo puede ser de *reacción retardada*, es decir, que podemos dejarlo de lado y seguir avanzando hasta que un día regresa con más fuerza y nos deja fuera de combate. Podemos fingir estar demasiado ocupados para lidiar con el duelo como mecanismo protector... hasta que las cosas explotan.

- El duelo puede *desplazarse*, es decir, que podemos escondernos del origen real del duelo hasta que un día reaccionamos de manera exagerada y totalmente desproporcionada ante cualquier otra situación. Por ejemplo, puede que alguien se mantenga estoico ante la pérdida de un padre o una madre y que meses más tarde se eche a llorar inconsolablemente tras encontrar un pájaro moribundo en el patio de su casa.

Los tópicos de mierda que todo el mundo dice y que no sirven de nada

«El tiempo lo cura todo, ¿sabes?».

Carajo, sí, ya sé que con el tiempo la cosa mejorará. Pero ¿verdad que ahora mismo no? Pues cállate la boca.

«Fue una bendición. Le dolía todo, sufría, estaba listo para irse».

Puede que sí. Pero yo no estaba listo. O tal vez sí lo estaba, pero mi duelo anticipatorio acaba de lanzarse al vacío. Me da igual que fuera una buena muerte o que estuviéramos muy preparados, aun así, SUCEDIÓ, CARAJO.

«Dios nunca nos da más de lo que podemos soportar».

Dios (o cualquier otra entidad superior) no es un cabrón que se pasa los días preparando pruebas de fuego basadas en el dolor y la tristeza. Si quisiera captar mi atención o favorecer mi desarrollo personal, podría encontrar maneras mucho mejores de hacerlo. A los humanos nos ocurren constantemente cosas con las que no podemos lidiar. Pero eso no debería convertirnos en unos fracasados a ojos de nuestra fe. No menosprecies el camino espiritual de nadie con este tipo de frases, carajo. Y no hagas que los demás sientan que no deben pedir ayuda.

«Tenemos que ser fuertes».

¿Por qué? ¿Por qué tengo que ser fuerte? ¿Por qué no puedo mostrarme tan pequeña, dolida y fuera de combate como me siento? ¿Por qué no puedo vivir mi experiencia? ¿Por qué tengo que fingir estar mejor de lo que realmente estoy? Al diablo con la fortaleza fingida. Ahora mismo no soy una persona fuerte y no voy a fingir serlo.

«Lo estás llevando muy bien».

Este tópico de mierda es muy parecido al de «Sé fuerte». Que sea fuerte o no es lo de menos. No tienes ni idea de cómo estoy en privado ni de cuál es mi realidad interna. Y no quiero que me elogies por no estar incomodando a las personas a mi alrededor con mis sollozos y mis llantos. Porque puede que en algún momento necesite echarme a sollozar y a llorar, y ahora me dará miedo hacerlo delante de ti.

«Sé cómo te sientes».

Por Buda bendito, no, NO lo sabes. No compares tu pérdida con la mía. Tanto si es menor, como más o menos

CALMA TU PINCHE CABEZA

parecida o peor. No intentes arrebatarme mi experiencia. El duelo de cada persona es único. Tal vez puedas imaginarte lo que siento, pero te prometo que es imposible que hayas vivido la misma experiencia que estoy viviendo yo. No niegues que soy la única persona que sabe exactamente por lo que estoy pasando en este momento en particular.

Todos hemos dicho y escuchado estas frases de mierda. Puede que para la persona destinataria no resultaran ofensivas, pero sin duda no le resultaron nada útiles. Así que, por favor, muérdete la lengua y no sueltes estos tópicos. Si no sabes qué decir, cierra la pinche boca y limítate a estar ahí.

Y si se te escapa alguna estupidez, reconócelo. Puedes decir: «No pretendía decir algo tan estúpido. Estoy incómodo y me siento inútil, y estaba intentando encontrar algo adecuado para decir y hacerte sentir mejor, pero en realidad no hay ninguna palabra mágica para eso. Lo siento».

A continuación, encontrarás un listado de frases que SÍ puedes decir. Ninguna de ellas actuará como un Neosporin emocional mágico. Incluso puede que no sirvan de nada. Pero por lo menos no disminuirás ni menospreciarás la experiencia de duelo de los demás. Ni los harás sentirse obligados a modificar o controlar su comportamiento para que encaje con tus expectativas y objetivos sociales.

- Seguro sientes que este dolor no va a terminar nunca.
- Siento que te haya ocurrido esto.
- Seguro tienes la sensación de que eso es mucho más de lo que puedes manejar.
- No te sientas obligado a mostrarte fuerte si estás sufriendo y necesitas ayuda.
- No pasa nada por llorar, o por estar enojado, o por sentirte entumecido. Sientas lo que sientas, es perfectamente válido.
- Hay cosas que no tienen ningún sentido.
- No sé qué decirte para hacerte sentir mejor ahora mismo, pero voy a estar a tu lado.
- Me encantaría ayudarte en lo que necesites, y no lo digo para sentirme mejor conmigo mismo. Te ofrezco mi ayuda, pero también puedo no hacer nada si es lo que prefieres.

O simplemente puedes *quedarte callado*. No tienes que estar charlando constantemente para ser una presencia sanadora en la vida de otra persona.

Aquí va una lista de ideas diferentes para cuidar de alguien que está de duelo.

- Escucha de manera diferente. Deja espacio para que los demás te cuenten su historia si quieren. No interpretes ni añadas cosas desde tu propio filtro.
- Muéstrate abierto y receptivo a sus palabras y demuéstrales que estarás a su lado mientras procesan lo ocurrido. Reflexiona sobre lo que dicen y

cómo se sienten. Hazles preguntas abiertas y aní-
malos a seguir hablando si es lo que desean. Valida
sus experiencias. Demuéstrales que te importan y
que te preocupas por ellos. Estos son los trucos básicos que utilizan los terapeutas para construir una
relación con sus pacientes porque son unas buenas *herramientas que conviene tener para conectar
con otros humanos.*

- Ofrece apoyo específico para satisfacer alguna necesidad concreta. No hagas promesas de apoyo va-
gas y vacías. A veces, cuando estamos de duelo, no
sabemos qué podría ayudarnos, pero cuando alguien se ofrece a llevar a los niños a la piscina o a
lavar los platos, nos parece una idea maravillosa.
- Pregúntales cómo puedes ayudar. No pasa nada por
decir que no se te ocurre cómo podrías ser útil, pero
que si se les ocurre CUALQUIER COSA, la harás en-
cantado. Si el doliente tiene a su lado a alguien que
está ejerciendo las funciones de apoyo principal /
persona de referencia, es mejor que se lo preguntes
directamente a esa persona en cuestión.
- Si te dicen que no quieren que hagas nada, DÉJA-
LOS EN PAZ. Asegúrales que la oferta sigue en pie,
pero no insistas ni te empeñes.
- No esperes que sean capaces de responder preguntas ni de tomar ninguna decisión. Evita hacerles
un montón de preguntas durante los primeros
días del duelo. Cuando tienes la sensación de que
te rompiste en mil pedazos, juntar todas las piezas
para tomar decisiones racionales es abrumador.

- Acompaña el dolor y el sufrimiento de los demás con compasión. Es mucho mejor que ponerse a contar historias positivas o a intentar arreglar las cosas, dar consejos o recomendaciones. Tienes que estar dispuesto a no hacer nada, a estar simplemente ahí, a reconocer y respetar a la persona, su dolor y su sufrimiento. El simple hecho de dejar que expliquen su historia puede resultar muy terapéutico.
- Valida su historia y su experiencia, no la idea que tú tengas de la verdad o de lo que creas que deberían sentir o hacer.
- Sé consciente del sesgo que tiene nuestra cultura a favor de las historias redentoras. No intentes cambiar, reescribir, reformular o invalidar las historias no redentoras y sin final feliz de los demás.
- Reconoce los esfuerzos (sean pequeños o grandes), la resistencia o la fortaleza con la que los demás enfrentan los retos, pero sin ser condescendiente. Si una persona está descendiendo en una espiral de depresión, es importante que la animemos cuando exhiba un comportamiento sano en vez de limitarnos a rescatarla cuando esté abrumada.
- Mantén un pie en el agradecimiento y otro en las posibilidades, pero no insistas en recalcar siempre las posibilidades.
- Habla de lo compleja que es la situación, incluso aunque digas algo que pueda parecer contradictorio. Por ejemplo, «No quieres seguir sufriendo tanto Y tampoco quieres morir». O «Quieres rendirte

Y no quieres rendirte». Las frases unidas con «Y» son mucho más potentes que las que están unidas por un «PERO». Si utilizamos un «... pero...», en REALIDAD lo que estamos diciendo es «te estás equivocando» en vez de acompañar las contradicciones que todos sentimos cuando estamos de duelo.

- No te olvides de los dolientes olvidados. Cuando se produce alguna pérdida, suelen ser muchas las personas afectadas, pero siempre tendemos a centrarnos en ciertas personas.

PASA A LA ACCIÓN
Honrar el duelo con una ceremonia

Ya hablamos de que el cerebro humano está programado para las historias, la música y las conexiones. Así que no es de extrañar que nos gusten las ceremonias. Meredith Small, antropóloga de la Universidad de Cornell, afirma que las ceremonias son *los signos de puntuación de la vida.*

Tiene sentido, ¿verdad? Si nuestra memoria operativa solo puede retener siete unidades de información a la vez (más menos dos), no debería extrañarnos que pensemos en símbolos y que nos movamos por el mundo siguiendo esa realidad. Que nuestra manera de encontrar sentido a lo sucedido sea a través de la expresión creativa.

Disponemos de varias ceremonias culturales para el duelo, y, sin duda, la más conocida son los funerales. Sin embargo, los funerales son cada vez más desalmados. Se convirtieron simplemente en algo que tenemos que tachar de la lista en vez de una oportunidad para pasar el duelo. Y por eso muchos eventos de duelo no tienen un acto de clausura. No porque no lo necesitemos, sino porque carecemos del vocabulario para expresar esa necesidad.

Ese es el hueco que tenemos que llenar.

¿Por qué sucesos estás de duelo y ni siquiera tienes el vocabulario para expresarlo? ¿Qué simboliza tu experiencia? ¿Cómo puedes utilizar estos símbolos para crear significado? ¿En qué consistiría tu ceremonia?

CONCLUSIÓN
LA NUEVA NORMALIDAD

Todas esas mierdas mejorarán, en serio. Las cosas nunca serán perfectas, no regresaremos a la inocencia pretrauma, pero mejorarán, a veces incluso de manera más rica y profunda gracias a la experiencia de haber recuperado tu poder en tus propios términos.

Seguramente en tu día a día encontrarás desencadenantes: aniversarios, circunstancias vitales... Pero la relación que tienes con tu trauma cambiará. Dejará de ser una bestia que controla todos tus movimientos.

Tu trauma se convertirá más bien en ese vecino odioso con demasiado tiempo libre entre manos.

Ya sabes a qué tipo de vecino me refiero.

El que te recuerda que esta semana el camión de la basura pasará otro día porque empezó el horario de verano. El que te avisa de que tu perro llora mucho mientras estás trabajando. El que te dice que el chico nuevo que vive en el piso de abajo se parece mucho al retrato robot que mostraron en las noticias de un tipo que robó una tienda. *Podría ser él*, sabes.

Es un odioso bien intencionado.

Sin embargo, con el tiempo acabamos trabando amistad con ese vecino, y con el trauma ocurrirá lo mismo.

A veces ese vecino te proporcionará información útil, y se lo agradecerás. Te quedarás con la información importante y la usarás, e ignorarás todo lo demás.

Aunque no vayas a utilizar esa información, le darás las gracias igualmente por habértela proporcionado con la mejor de las intenciones.

Escucha, sonríe y piensa «Al diablo contigo, amígdala». Y luego sigue viviendo tu vida.

AGRADECIMIENTOS

Hace un par de años dejé mi trabajo para centrarme en mi consultorio privado y escribir el libro que llevaba años queriendo escribir. Fue un gran salto de fe para una viuda con dos hijos. Pero por suerte todo salió bien. Sin embargo, el libro que tienes entre las manos no es el que tenía intención de escribir. Vaya sorpresa.

Al principio este libro fue el resultado de sentarme quince minutos a escribir la charla de «los cinco minutos de ciencia sobre el cerebro» que había dado a la mayoría de mis pacientes a lo largo de los años. Mandé el manuscrito a la editorial Microcosm Publishing, donde sin duda vieron el potencial de mi idea vagamente formada y se comprometieron a ayudarme a desarrollarla, cosa que los editores no hacen muy a menudo hoy en día. Por cierto, el otro libro está en proceso. Y, además, tenemos un montón de ideas geniales en barbecho.

Y es que, a lo largo de este proceso, Elly Blue y Joe Biel pasaron de ser mis editores a convertirse en mis amigos. Son brillantes, me apoyan un montón y siempre cuentan el número de veces que escribo «carajo» en el manuscrito y me sugieren que añada un par más. Al diablo contigo, Dr. Phil... no estás tan bien como yo ni de lejos.

Al médico Aaron Sapp y al Dr. Allen Novian, terapeuta familiar y de matrimonio acreditado y orientador supervisor profesional acreditado, por ser los primeros lectores del libro y asegurarse de que no hiciera el ridículo en la parte sobre la ciencia del cerebro. Puede que aun así la haya cagado. Pero en cualquier caso no sería culpa suya, por supuesto. Pueden dirigir todos sus mensajes enfurecidos hacia mi persona.

A mi hijo Sammuel, que fue mi coformador en las conferencias que di sobre ciencia cerebral y trauma, y tuvo el valor de compartir algunas de sus propias historias sobre la pérdida de su padre para que otras personas pudieran aprender.

A mi mejor amigo, Adrian, quien siempre que me caigo me ayuda a recomponerme. Y encima me trae comida.

Al resto del equipo, porque si no ves tu nombre impreso, no cuenta, carajo. Gracias por ser mi familia Shannon, Penny, Brianna, Hailee, Rowan y Braedan.

A Joe G., quien durante este proceso pasó de ser mi novio a mi esposo. Y eso que estaba resuelta a no volver a casarme en mi vida. Porque (claramente) en mi caso, casarse es una idea nefasta. A no ser que sea con Joe G.

En cuyo caso, el mundo empieza a tener mucho más sentido para cualquiera que nos conozca.

A mis supervisores del pasado y del presente. Son jodidamente listos y se esfuerzan mucho, y su trabajo se les da DE POCA MADRE, siempre tengo que esforzarme un montón para seguirles el ritmo y no quedar en ridículo. ¡Son el mejor método preventivo para evitar la pereza que cualquier chica podría desear!

Y finalmente, a mis pacientes. NO MAMES. SON unos PINCHES AMOS de campeonato. Todavía no me entra en la cabeza lo afortunada que soy por poder formar parte de su proceso de sanación. Muchas gracias por hacer todo el trabajo duro y por haber captado tan bien todas mis explicaciones sobre la ciencia del cerebro, cosa que me animó a decidir que ESTE sería el primer tema de mi libro.

LECTURAS RECOMENDADAS

Otras personas que escribieron situaciones geniales

Muchos de los libros que me han parecido útiles a lo largo de los años suelen estar dirigidos a una audiencia específica que tal vez no nos incluya ni a ti ni a mí. La obra de Gary Chapman sobre los cinco lenguajes del amor es un buen ejemplo de ello. Esos libros son una guía fantástica para aprender a comunicarse dentro de una relación, pero sus libros están escritos partiendo de la base de que todas las relaciones románticas son cisgénero y heterosexuales y que el cristianismo es la práctica espiritual habitual. Eso no tiene nada de malo si es lo que te va, por supuesto. Pero quería mencionarlo como aviso general. Puede que un libro no esté orientado a tu identidad y tu estilo de vida. Pero eso no significa que las ideas que contiene no te aporten nada. Te recomiendo que hagas lo que todas las personas que no siempre encajamos aprendimos a hacer a lo largo de los años... quédate con las cosas que te resulten útiles e ignora el resto.

ADICCIÓN

BERGER, Allen. *12 Stupid Things That Mess Up Recovery: Avoiding Relapse Through Self-Awareness and Right Action.* Center City, Minnesota: Hazelden Publishing, 2008.

—. *12 Smart Things To Do When The Booze and Drugs Are Gone: Choosing Emotional Sobriety through Self-Awareness and Right Action.* Center City, Minnesota: Hazelden Publishing, 2010.

JOHNSTON, Anita A. *Eating in the Light of the Moon: How Women Can Transform Their Relationship with Food Through Myths, Metaphors, and Storytelling.* Carlsbad, California: Gurze Books, 2000.

LEWIS, Marc. *Memoirs of An Addicted Brain: A Neuroscientist Examines his Former Life on Drugs.* Nueva York: Public Affairs, 2013.

MATÉ, Gabor. *In The Realm of Hungry Ghosts: Close Encounters with Addiction.* Nueva York: Vermilion, 2018.

NAJAVITS, Lisa M. *Seeking Safety: A Treatment Manual for PTSD and Substance Abuse.* Nueva York: Guilford Press, 2002.

—. *A Woman's Addiction Workbook: Your Guide To In-Depth Healing.* Oakland: New Harbinger Publications, 2002.

TRIMPSEY, Jack. *Rational Recovery: The New Cure for Substance Addiction.* Nueva York: Gallery Books, 1996.

Y todos los libros que Patrick Carnes escribió sobre la adicción.

ANSIEDAD, DEPRESIÓN, IRA Y OTROS TRASTORNOS
DEL ESTADO DE ÁNIMO

BORNSTEIN, Kate. *Hello Cruel World: 101 Alternatives to Suicide for Teens, Freaks, and Other Outlaws.* Nueva York: Seven Stories Press, 2006.

DUBRUL, Sascha Altman. *Maps To The Other Side: The Adventures of A Bipolar Cartographer.* Portland, Oregon: Microcosm Publishing, 2013.

GORE, Ariel. *Bluebird: Women and The New Psychology of Happiness.* Nueva York: Farrar, Straus and Giroux, 2010.

LAWSON, Jenny. *Furiously Happy: A Funny Book About Horrible Things.* Nueva York: Flatiron Books, 2015.

LONG, Liza. *The Price of Silence: A Mom's Perspective on Mental Illness.* Nueva York: Avery, 2014.

SUTTER III, Robert Earl. *Alive With Vigor! Surviving Your Adventurous Lifestyle.* Portland, Oregon: Microcosm Publishing, 2013.

SYTES, Set. *How To Not Kill Yourself: A Survival Guide for Imaginative Pessimists.* Portland, Oregon: Microcosm Publishing, 2022.

DUELO

ANDERSON, Susan. *Black Swan: The Twelve Lessons of Abandonment Recovery.* Nueva York: Rock Foundations Press, 1999. [*Cisne negro: doce lecciones para recuperarse de un abandono.* Traducción de Carmen Ochando Aymerich. Rubí, Barcelona: Ediciones Obelisco, 2008].

—. *The Journey from Abandonment to Healing: Surviving Through and Recovering From the Five Stages That Accompany the Loss of Love*. Nueva York: Berkley, 2014.

ATKINS, Martha Jo. *Sign Posts of Dying*. Martha Jo Atkins, LLC, 2016.

HALIFAX, Joan. *Being With Dying: Cultivating Compassion and Fearlessness in the Presence of Death*. Boulder, Colorado: Shambhala, 2009. [*Estar con los que mueren: cultivar la compasión y la valentía en presencia de la muerte*. Traducción de María José Tobías Cid. Barcelona: Kairós, 2019].

KOLF, June Cerza. *How Can I Help? Reaching Out To Someone Who Is Grieving*. Ada, Michigan: Baker Pub Group, 1989.

LEWIS, C. S. *A Grief Observed*. Londres: Farber and Farber, 1961. [*Una pena en observación*. Traducción de Carmen Martín. Barcelona: Editorial Anagrama, 1994].

WESTBERG, Granger E. *Good Grief*. Mineápolis: Fortress Press, 2019.

RELACIONES

CHAPMAN, Gary. *The Five Love Languages*. Chicago: Northfield Publishing, 2015.

MIRK, Sarah. *Sex from Scratch: Making Your Own Relationship Rules*. Portland, Oregon: Microcosm Publishing, 2014.

RICHO, David. *How to Be an Adult in Relationships: The Five Keys to Mindful Loving*. Boulder, Colorado: Shambhala, 2021.

WILDFELL, Helen. *Consensuality*. Portland, Oregon: Microcosm Publishing, 2023.

Además de todos los demás libros de Gary Chapman sobre relaciones que siguen el modelo de los lenguajes del amor.

AUTOCOMPASIÓN

FAIN, Jean. *The Self-Compassion Diet: A Step-by-Step Program to Lose Weight with Loving-Kindness*. Louisville, Colorado: Sounds True, 2011.

GERMER, Christopher. *The Mindful Path to Self-Compassion: Freeing Yourself from Destructive Thoughts and Emotions*. Nueva York: The Guilford Press, 2009.

NEFF, Kristin. *Self-Compassion: The Proven Power of Being Kind To Yourself*. Nueva York: William Morrow, 2011.

MEDITACIÓN, CONSCIENCIA PLENA Y REDUCCIÓN DEL ESTRÉS

BOORSTEIN, Sylvia. *Don't Just Do Something, Sit There: A Mindfulness Retreat with Sylvia Boorstein*. San Francisco: Harper One, 1996.

KABAT-ZINN, John. *Full Catastrophe Living: Using the Wisdom of Your Body and Mind to Face Stress, Pain, and Illness*. Nueva York: Bantam, 2013.

KORNFIELD, Jack. *A Path with Heart: A Guide Through the Perils and Promises of Spiritual Life*. Nueva York: Bantam,

1993. [*Camino con corazón*. Traducción de Fernando Pardo Gellatrad. Barcelona: La Liebre de Marzo, 2000].

Y prácticamente todos los libros escritos por Pema Chodron, Thich Nhat Hahn, y su santidad el Dalái Lama.

TRAUMA

FACTORA-BORCHERS, Lisa (ed.). *Dear Sister: Letters from Survivors of Sexual Violence*. Chico, California: AK Press, 2014.

HERMAN, Judith L. *Trauma and Recovery: The Aftermath of Violence-From Domestic Abuse to Political Terror*. Nueva York: Basic Books, 2022.

McBRIDE, Joseph. *The Broken Places*. Nueva York: Berkeley, 2015.

Más todos los libros escritos por Peter A. Levine.

BIBLIOGRAFÍA

CAPÍTULOS 1-3. TODO LO RELACIONADO CON EL CEREBRO Y
LA PROGRAMACIÓN DEL TRAUMA

BARRETT, Lisa Feldman. «Solving the Emotion Paradox: Categorization and the Experience of Emotion» [en línea]. Personality and Social Psychology Review 10, n.º 1 (2006): 20-46. <https://affective-science.org/pubs/2006/Barrett2006paradox.pdf>. [Consulta: 9 de octubre de 2023].

BECK, Aaron T. *Prisoners of Hate: The Cognitive Basis of Anger, Hostility, and Violence.* Nueva York: HarperCollins Publishers, 1999. [*Prisioneros del odio: las bases de la ira, la hostilidad y la violencia.* Traducción de Esther González Arqué. Barcelona: Ediciones Paidós Ibérica, 2003].

BECK, Aaron T.; RUSH, John A.; SHAW, Brian F. *Cognitive Therapy of Depression.* 7ª ed. Nueva York: Guilford Publications, 1987. [*Terapia cognitiva de la depresión.*

Traducción de Susana del Viso Pabón. Bilbao: Desclée De Brouwer, 2022].

BECK, Judith S.; BECK, Aaron T. *Cognitive Therapy for Challenging Problems: What to Do When the Basics Don't Work*. Nueva York: Guilford Publications, 2011.

BECK, Judith S.; BECK, Aaron T; JORDAN, Judith V.; CARROLL, Aaron. *Cognitive Behavior Therapy, Second Edition: Basics and Beyond*. 2.ª ed. Nueva York: Guilford Publications, 2011.

BUSH, G. *et al.* «*Dorsal Anterior Cingulate Cortex: A Role in Reward-Based Decision Making*» [en línea]. PubMed – NCBI (2013). <https://www.ncbi.nlm.nih.gov/m/pubmed/11756669/>. [Consulta: 9 de octubre de 2023].

CASE-LO, Christine. «*Autonomic Dysfunction | Definition and Patient Education*» [en línea] (mayo 2011). <https://www.healthline.com/health/autonomic-dysfunction>. [Consulta: 9 de octubre de 2023].

DEAN, Jeremy. «*Anchoring Effect: How The Mind Is Biased by First Impressions*» [en línea] (3 de septiembre de 2016). <https://www.spring.org.uk/2023/01/anchoring-bias.php> [Consulta: 9 de octubre de 2023].

FOA, Edna B.; KEANE, Terence M.; FRIEDMAN, Matthew J. *Effective Treatments for PTSD: Practice Guidelines from the International Society for Traumatic Stress Studies*. Editado por la profesora Edna B. Foa, la Dra. Terence M Keane y el director ejecutivo Matthew J. Friedman. Nueva York: Guilford Publications, 2004. [*Tratamiento del estrés postraumático*. Traducción de Jordi Giménez Payrató. Barcelona: Ariel, 2003].

FOSTER, Jane A. «*Gut Feelings: Bacteria and the Brain*» [en línea] (1 de julio de 2013). <https://www.ncbi.nlm.nih.

gov/pmc/articles/PMC3788166/>. [Consulta: 9 de octubre de 2023].

HENDY, David. *Noise: A Human History of Sound and Listening.* Nueva York: HarperCollins Publishers, 2013.

HERMAN, Judith Lewis L. *Trauma and Recovery: The Aftermath of Violence – from Domestic Abuse to Political Terror.* Nueva York: Basic Books, 1992.

JUDITH. «Section 1: Foundations of the Trauma Practice Model 13 6. Tri-Phasic Model» [en línea]. Herman (1992). <http://www.hogrefe.com/program/media/catalog/Book/trauma-p13-15.pdf>. [Consulta: 11 de octubre de 2023].

JUNGER, Sebastian. *Tribe: On Homecoming and Belonging.* Estados Unidos: Twelve, 2016. [*Tribu.* Traducción de María Eugenia Frutos. Madrid: Capitán Swing, 2022].

LEHRER, Jonah. *How We Decide.* Boston: Houghton Mifflin Harcourt, 2009. [*Cómo decidimos.* Traducción de Joan Soler Chic. Barcelona: Paidós, 2011].

LEVINE, Peter A. *Waking the Tiger: Healing Trauma – the Innate Capacity to Transform Overwhelming Experiences.* Berkeley, California: North Atlantic Books, U.S., 1997.

LEVINE, Peter A.; KLINE, Maggie. *Trauma-Proofing Your Kids: A Parents' Guide for Instilling Joy, Confidence, and Resilience.* Berkeley, California: North Atlantic Books, U.S., 2008. [*Tus hijos a prueba de traumas: una guía parental para infundir confianza, alegría y resiliencia.* Traducción de María José Coutiño Bosch. Barcelona: Editorial Eleftheria, 2017].

—.*Trauma Through a Child's Eyes: Awakening the Ordinary Miracle of Healing: Infancy Through Adolescence.* Berkeley, California: North Atlantic Books, U.S., 2006.

[*El trauma visto por los niños*. Traducción de María José Coutiño Bosch. Barcelona: Editorial Eleftheria, 2016].

LEVINE, Peter A; MATÉ, Gabor. *In an Unspoken Voice: How the Body Releases Trauma and Restores Goodness*. Berkeley: North Atlantic Books, U.S., 2010. [*En una voz no hablada: cómo el cuerpo se libera del trauma y restaura su bienestar*. Traducción de Rosi Steudel. Móstoles: Gaia Ediciones, 2021].

LIPTON, Bruce. *The Biology of Belief*. Santa Rosa, California: Mountain of Love / Elite Books, 2005. [*La biología de la creencia: la liberación del poder de la conciencia, la materia y los milagros*. Traducción de Concepción Rodríguez González. Móstoles: Gaia Ediciones, 2018].

MARKOWITSCH, H. J.; STANILOIU A. «Amygdala in Action: Relaying Biological and Social Significance to Autobiographical Memory» [en línea]. PubMed – NCBI (1985). <http://www.ncbi.nlm.nih.gov/m/pubmed/20933525/>. [Consulta: 11 de octubre de 2023].

MARSH, Elizabeth; ROEDIGER, Henry. «*Episodic and Autobiographical Memory*» [en línea]. Chapter. n.p. (2013). <http://marshlab.psych.duke.edu/publications/Marsh& Roediger2013_Chapter.pdf>. [Consulta: 11 de octubre de 2023].

MEHL-MADRONA, Lewis. *Remapping Your Mind: The Neuroscience of Self-Transformation Through Story*. Estados Unidos: Bear & Company, 2015.

MILLER, George A. «The Magical Number Seven, Plus or Minus Two Some Limits on Our Capacity for Processing Information» [en línea]. 101, n.º 2 (1955): 343-352. <http:// www.psych.utoronto.ca/users/peterson/psy430s2001/Mil

ler%20GA%20Magical%20Seven%20Psych%20Review% 201955.pdf>. [Consulta: 11 de octubre de 2023].

MITCHELL, Jeffrey Diplomate T and American. «TROUSSE PSYCHOTRAUMATIQUE DE DIAGNOSTIC RAPI- DE» [en línea]. (2008). <http://www.info-trauma.org/ flash/media-e/mitchellCriticalIncidentStressDebriefing .pdf>. [Consulta: 11 de octubre de 2023].

MUSSWEILER, Thomas; ENGLICH, Birte; STRACK, Fritz. «An- choring Effect» [en línea]. <http://soco.uni-koeln.de/ files/PsychPr_04.pdf>. [Consulta: 11 de octubre de 2023].

National Center for PTSD «How Common Is PTSD? - PTSD: National Center for PTSD» [en línea]. (13 de agos- to de 2015). <http://www.ptsd.va.gov/public/PTSDover view/basics/how-common-is-ptsd.asp>. [Consulta: 11 de octubre de 2023].

Oxford Dictionary. «habit: definition of habit in Oxford dic- tionary (American English) (US)» [en línea]. Oxford University Press. <http://www.oxforddictionaries.com/ us/definition/american_english/habit>. [Consulta: 11 de octubre de 2023].

Oxford Dictionary. «post-traumatic stress disorder: defini- tion of post-traumatic stress disorder in Oxford dictio- nary (American English) (US)» [en línea]. Oxford Uni- versity Press. <http://www.oxforddictionaries.com/us/ definition/american_english/post-traumatic-stress-dis order>. [Consulta: 11 de octubre de 2023].

PESSOA, Luiz. «Emotion and Cognition and the Amygdala: From 'what Is It?' to 'what's to Be Done?'» [en línea]. (2010). <http://lce.umd.edu/publications_files/Pessoa_Neuropsy chologia_2010.pdf>. [Consulta: 11 de octubre de 2023].

PHELPS, Elizabeth. «Human Emotion and Memory: Interactions of the Amygdala and Hippocampal Complex» [en línea]. Current Opinion in Neurobiology 14, n.º 2 (2004): 198-202. [Consulta: 11 de octubre de 2023].

PORGES, Stephen W. «The Polyvagal Theory: New Insights into Adaptive Reactions of the Autonomic Nervous System» [en línea]. 76, n.º Supl 2. <http://www.ncbi.nlm .nih.gov/pmc/articles/PMC3108032/>. [Consulta: 11 de octubre de 2023].

SAPOLSKY, Robert M. *Why Zebras Don't Get Ulcers: An Updated Guide to Stress, Stress-Related Diseases, and Coping.* 3.ª ed. Nueva York: W. H. Freeman and Company, 1998. [*¿Por qué las cebras no tienen úlcera?: la guía del estrés.* Edición de Celina González Serrano y Miguel Ángel Coll Rodríguez. Madrid: Alianza Editorial, 2008].

SCHIRALDI, Glenn R. *The Post-Traumatic Stress Disorder Sourcebook: A Guide to Healing, Recovery, and Growth.* Los Ángeles, California: McGraw-Hill Professional, 2000.

STEVENS, F. L. *et al.* «Anterior Cingulate Cortex: Unique Role in Cognition and Emotion» [en línea]. PubMed – NCBI (2007).<https://www.ncbi.nlm.nih.gov/m/pub med/21677237/>. [Consulta: 11 de octubre de 2023].

TAYLOR, Jill Bolte; TAYLOR Ph. D. *My Stroke of Insight: A Brain Scientist's Personal Journey.* Nueva York: Penguin Putnam, 2008. [*Cerebro lúcido: los cuatro personajes que hay en tu cerebro y cómo integrarlos para decidir quién quieres ser.* Traducción de Blanca González Villegas. Móstoles: Gaia Ediciones, 2022].

TRAFTON, Anne; MIT News Office. «Music in the Brain | MIT News» [en línea]. (16 de diciembre de 2015). <https://news.mit.edu/2015/neural-population-music-brain-1216>. [Consulta: 11 de octubre de 2023].

Treatment Innovations. «All Seeking Safety Studies—Treatment Innovations» [en línea]. <http://www.treatment-innovations.org/evid-all-studies-ss.html>. [Consulta: 11 de octubre de 2023].

TULVING, Endel. «Episodic and Semantic Memory» [en línea]. (1972). <http://alicekim.ca/EMSM72.pdf>. [Consulta: 11 de octubre de 2023].

TURNER, Cory. «This Is Your Brain. This Is Your Brain on Music» [en línea]. NPR Ed: NPR (10 de septiembre de 2014). <http://www.npr.org/sections/ed/2014/09/10/34368 1493/this-is-your-brain-this-is-your-brain-on-music>. [Consulta: 11 de octubre de 2023].

VAN DER HART, Onno; BROWN, Paul; VAN DER KOLK, Bessel A. «Pierre Janet's Treatment of Post-Traumatic Stress» [en línea]. (2006). <http://www.onnovdhart.nl/articles/treatmentptsd.pdf>. [Consulta: 11 de octubre de 2023].

VAN DER HART, Onno; FRIEDMAN, Barbara. «Trauma Information Pages, Articles: Van der Hart Et Al (1989)» [en línea]. (enero de 1930). <http://www.traumapages.com/a/vdhart-89.php>. [Consulta: 11 de octubre de 2023].

VAN DER KOLK, Bessel. *The Body Keeps the Score: Brain, Mind, and Body in the Healing of Trauma.* Estados Unidos: Penguin Books, 2015. [*El cuerpo lleva la cuenta: cerebro, mente y cuerpo en la superación del trauma.* Traducción de Montserrat Foz Casals. Barcelona: Eleftheria, 2015].

WORRALL, Simon. «Your Brain Is Hardwired to Snap» [en línea]. News (National Geographic News) (7 de febrero de 2016). <https://www.nationalgeographic.com/science/article/160207-brain-violence-rage-snap-science-book talk>. [Consulta: 11 de octubre de 2023].

YAHYA, Harun. <http://m.harunyahya.com/tr/buku/987/the -miracle-of-hormones/chapter/3689/the-two-governors -of-our-body-thehypothalamus-and-the-pituitary-gland>. [Consulta: 11 de octubre de 2023].

CAPÍTULO 4. TODO LO RELACIONADO CON MEJORAR CUIDÁNDOTE A TI MISMO

BASS, Ellen; BRISTER, Jude. *I Never Told Anyone: Writings by Women Survivors of Child Sexual Abuse*. Louise Thornton (ed.). Nueva York: William Morrow Paperbacks, 1991.

BASS, Ellen; DAVIS, Laura. *The Courage to Heal: A Guide for Women Survivors of Child Sexual Abuse*. 3.ª ed. Nueva York: HarperPerennial, 1994. [*El coraje de sanar*. Traducción de Amelia Brito. Barcelona: Editorial Urano, 1995].

BOUNDS, Gwendolyn. «How Handwriting Boosts the Brain» [en línea]. WSJ, Indiana University (5 de octubre de 2010). <https://www.wsj.com/articles/SB1000142405274870463 1504575531932754922518>. [Consulta: 11 de octubre de 2023].

BURDICK, Debra E; BURDICK, Debra (trabajadora social clínica acreditada). *Mindfulness Skills Workbook for Clinicians and Clients: 111 Tools, Techniques, Activities &*

Worksheets. Nueva York: Pesi Publishing and Media, 2013.

BURNS, David D. *When Panic Attacks: The New, Drug-Free Anxiety Therapy That Can Change Your Life.* Nueva York: Crown Publishing Group, 2006.

CULATTA, Richard. «Script Theory» [en línea]. (2015). <http://www.instructionaldesign.org/theories/script-theory.html>. [Consulta: 11 de octubre de 2023].

DAVIS, Laura; DAVIES, Laura; HOUGH, Laura. *Allies in Healing: When the Person You Love Is a Survivor of Child Sexual Abuse.* Nueva York: William Morrow Paperbacks, 1991.

DOMONELL, Kristen. «Endorphins and the Truth about Runner's High» [en línea]. (8 de enero de 2016). <http://dailyburn.com/life/fitness/what-are-endorphins-runners-high/>. [Consulta: 11 de octubre de 2023].

DOMONELL, Kristen; BURN; Daily. «Why Endorphins (and Exercise) Make You Happy» [en línea]. CNN (13 de enero de 2016). <http://www.cnn.com/2016/01/13/health/endorphins-exercise-cause-happiness/>. [Consulta: 11 de octubre de 2023].

FISCHER, Jason B. *The Two Truths about Love: The Art and Wisdom of Extraordinary Relationships.* Oakland, California: New Harbinger.

GREENBERGER, Dennis; PADESKY, Christine A.; BECK, Aaron T. *Mind over Mood: Change How You Feel by Changing the Way You Think.* Nueva York: Guilford Publications, 1995. [*El control de tu estado de ánimo: cambia lo que sientes, cambiando cómo piensas.* Traducción de Genís Sánchez Barberán. Barcelona: Paidós, 2016].

MAZUMDAR, Agneeth; FLEXMAN, Jamie. «5 Brain Hacks That Give You Mind-Blowing Powers» [en línea]. Cracked.com (25 de marzo de 2013). <http://www.cracked.com/article_20166_5-brain-hacks-that-give-you-mind-blowing-powers_p4.html>. [Consulta: 11 de octubre de 2023].

McMILLEN, Matt. «Benefits of Exercise to Help with Depression» [en línea]. (2005). <https://www.webmd.com/depression/exercise-depression>. [Consulta: 11 de octubre de 2023].

Prince Edward Island Rape and Sexual Assault Centre. «Grounding Techniques» [en línea]. (2013). <http://www.peirsac.org/peirsacui/er/educational_resources10.pdf>. [Consulta: 11 de octubre de 2023].

SELIGMAN, Martin E. P. *Learned Optimism: how to Change Your Mind and Your Life*. 2.ª ed. Nueva York: Pocket Books, 1998. [*Aprenda optimismo: haga de la vida una experiencia gratificante*. Traducción de Editorial Atlántida, S. A. Barcelona: Debolsillo, 2011].

—. *Authentic Happiness: Using the New Positive Psychology to Realize Your Potential for Lasting Fulfillment*. Nueva York: Simon & Schuster Adult Publishing Group, 2004. [*La auténtica felicidad*. Traducción de Mercè Diago y Abel Debrito. Barcelona: B de Books, 2017].

STAHL, Bob; GOLDSTEIN, Elisha. *A Mindfulness-Based Stress Reduction Workbook*. Oakland, California: New Harbinger Publications, 2010. [*Mindfulness para reducir el estrés: una guía práctica*. Traducción de David González Raga y Fernando Mora. Barcelona: Editorial Kairós: 2020].

Tennessee Medical Foundation. «Grounding Techniques» [en línea]. <https://www.e-tmf.org/downloads/Ground ing_Techniques.pdf>. [Consulta: 11 de octubre de 2023].

WILLIAMS, Mary Beth; POIJULA, Soili; POIJULA, Soili; NURMI, Lasse A. *The PTSD Workbook: Simple, Effective Techniques for Overcoming Traumatic Stress Symptoms.* Oakland, California: New Harbinger Publications, U.S., 2002. [*Manual de tratamiento del trastorno de estrés postraumático: técnicas sencillas y eficaces para superar los síntomas del trastorno de estrés postraumático.* Traducción de David González Raga y Fernando Mora. Bilbao: Desclée De Brouwer, 2015].

CAPÍTULO 5. OPCIONES DE TRATAMIENTO Y VARIEDAD DE CUIDADOS DISPONIBLES

DAVIS, Joseph A. «Critical Incident Stress Debriefing from a Traumatic Event» [en línea]. (12 de febrero de 2013). <https://www.psychologytoday.com/us/blog/crimes-and -misdemeanors/201302/critical-incident-stress-debrief ing-traumatic-event>. [Consulta: 11 de octubre de 2023].

EEGInfo.com. «What Is Neurofeedback? FAQ, Watch Video, Find a Neurofeedback Provider in Your Area, Professional Training Courses for Clinicians» [en línea]. EEG Info. <http://www.eeginfo.com/what-is-neurofeed back.jsp>. [Consulta: 11 de octubre de 2023].

ENGEL, Meredith. «Does Energy Healing Really Work?» [en línea]. NY Daily News (18 de julio de 2014). <https://

www.nydailynews.com/2014/07/18/does-energy-healing
-really-work-the-daily-news-puts-four-methods-to-the
-test/>. [Consulta: 11 de octubre de 2023].

GELENDER, Amanda. «Doctors Put Me on 40 Different Meds
for Bipolar and Depression. It Almost Killed Me. — In-
visible Illness» [en línea]. Medium (31 de mayo de 2016).
<https://medium.com/anxy-magazine/doctors-put-me
-on-40-different-meds-for-bipolar-and-depression-it-al
most-killed-me-c5e4fbea2816#.cadpk38ga>. [Consulta:
11 de octubre de 2023].

International Electromedical Products. «Alpha-Stim Clinical
Research» [en línea]. (2016) <http://www.alpha-stim.com/
healthcare-professionals/clinicalresearch/>. [Consulta:
11 de octubre de 2023].

KORRY, Elaine. «Too Many Children in Foster Care Are Get-
ting Antipsychotic Meds: Shots - Health News» [en lí-
nea]. NPR (2 de setiembre de 2015). <http://www.npr
.org/sections/health-shots/2015/09/02/436350334/califor
nia-moves-to-stop-misuse-ofpsychiatric-meds-in-fos
ter-care>. [Consulta: 11 de octubre de 2023].

KUBANY, Edward S.; RALSTON; Tyler C. *Treating PTSD in
Battered Women: A Step-by-Step Manual for Therapists
and Counselors.* Oakland, California: New Harbinger
Publications, 2008.

LIEBERMAN, Jeffrey A.; STROUP, T. Scott; McEVOY, Joseph P.;
SWARTZ, Marvin S.; ROSENHECK, Robert A.; PERKINS,
Diana O.; KEEFE, Richard S. E. *et al.* «Effectiveness of Antipsychotic Drugs in Patients with Chronic Schizophre-
nia» [en línea]. New England Journal of Medicine 353,
n.º 12 (22 de setiembre de 2005): 1209-1223. <https://

www.nejm.org/doi/full/10.1056/nejmoa051688>. [Consulta: 11 de octubre de 2023].

Mayo Foundation for Medical Education and Research. «Overview - Biofeedback- Mayo Clinic» [en línea]. Mayoclinic (14 de enero de 2016) <http://www.mayoclinic.org/tests-procedures/biofeedback/home/ovc-201697 24>. [Consulta: 11 de octubre de 2023].

Mayo Foundation for Medical Education and Research. «What Is Reflexology? – Mayo Clinic» [en línea]. Mayoclinic (23 de setiembre de 2015) <http://www.mayo clinic.org/healthy-lifestyle/consumer-health/expert-an swers/what-isreflexology/faq-20058139>. [Consulta: 11 de octubre de 2023].

MentalHelp.net. «Chiropractic Care» [en línea]. (1995). <https://www.mentalhelp.net/articles/chiropractic-care/>. [Consulta: 11 de octubre de 2023].

MILLER, Anna. «What Is Reiki? | Health & Wellness | US News» [en línea]. <http://health.usnews.com/health-news/health-wellness/articles/2014/11/10/what-is-reiki>. [Consulta: 11 de octubre de 2023].

MITCHELL, Jeffery. «Critical Incident Stress Debriefing» [en línea]. <http://www.info-trauma.org/flash/media-e/mitchellCriticalIncidentStressDebriefing.pdf>. [Consulta: 11 de octubre de 2023].

NAJAVITS, Lisa M. *Seeking Safety: A Treatment Manual for PTSD and Substance Abuse.* Nueva York: Guilford Publications, 2002.

New York State Office of The Attorney General. «A.G. Schneiderman Asks Major Retailers to Halt Sales of Certain Herbal Supplements As DNA Tests Fail To Detect Plant

Materials Listed On Majority Of Products Tested» [en línea]. Www.Ag.Ny.Gov (2015). <https://ag.ny.gov/press-release/2015/ag-schneiderman-asks-major-retailers-halt-sales-certain-herbal-supplements-dna>. [Consulta: 11 de octubre de 2023].

PADESKY, Christine A.; GREENBERGER, Dennis; SCHWARTZ, Mark S. *Clinician's Guide to Mind over Mood*. 2.ª ed. Nueva York: Guilford Publications, 1995.

PULSIPHER, Charlie. «Natural Vs. Synthetic Vitamins – What's the Big Difference?» [en línea]. (2 de enero de 2014). <https://sunwarrior.com/healthhub/natural-vssynthetic-vitamins>. [Consulta: 11 de octubre de 2023].

QUINTANILLA, Doris. «Chiropractic Care Can Help Lessen Depression Symptoms» [en línea]. (24 de diciembre de 2013). <http://www.psyweb.com/articles/depression-treatment/chiropractic-care-can-help-lessen-depression-symptoms>. [Consulta: 11 de octubre de 2023].

RETTNER, Rachael. «Herbal Supplements Often Contain Unlisted Ingredients» [en línea]. (7 de junio de 2016). <http://www.livescience.com/40357-herbal-products-unlisted-ingredient.html>. [Consulta: 11 de octubre de 2023].

CAPÍTULO 6-10. SÍNTOMAS, SITUACIONES Y DIAGNÓSTICOS ESPECÍFICOS

BERGER, Allen. *12 Stupid Things That Mess up Recovery: Avoiding Relapse Through Self-Awareness and Right Action*. Estados Unidos: Hazelden Information & Educational Services, 2008.

BLAIR, R. J. R. «Considering Anger from a Cognitive Neuroscience Perspective» [en línea]. 3, n.º 1. <https://www.ncbi.nlm.nih.gov/pmc/articles/PMC3260787/>. [Consulta: 11 de octubre de 2023].

CARNES, Patrick J.; PATRICK, Dr. D. *A Gentle Path Through the Twelve Steps: The Classic Guide for All People in the Process of Recovery*. Estados Unidos: Hazelden Information & Educational Services, 1994.

DOYLE, Robert; NOWINSKI, Joseph. *Almost Alcoholic: Is My (or My Loved One's) Drinking a Problem?* Nueva York: Hazelden Publishing & Educational Services, 2012.

EVANS, Katie; SULLIVAN, Michael J.; SULLIVAN, J. Michael. *Dual Diagnosis: Counselling the Mentally Ill Substance Abuser*. Nueva York: Guilford Publications, 1990.

GULZ, Agneta. «Conceptions of Anger and Grief in the Japanese, Swedish, and American Cultures–the Role of Metaphor in Conceptual Processes» [en línea]. <http://www.lucs.lu.se/LUCS/007/LUCS.007.pdf>. [Consulta: 11 de octubre de 2023].

HAMILTON, Tim; SAMPLES, Pat. *The Twelve Steps and Dual Disorders: A Framework of Recovery for Those of Us with Addiction and an Emotional or Psychiatric Illness*. Estados Unidos: Hazelden Information & Educational Services, 1994.

HAHN, Thich Nhat. *Anger: Wisdom for Cooling the Flames*. Estados Unidos: Riverhead Books, U.S. [*La ira: el dominio del fuego interior*. Traducción de Núria Martí. Barcelona: Ediciones Oniro, 2009].

Hazelden Publishing. *The Dual Disorders Recovery Book: Twelve Step Programme for Those of Us with Addiction* and an Emotional or Psychiatric Illness. Estados Unidos: Hazelden Information & Educational Services, 1993.

HENDRICKSON, Edward L. Designing, Implementing and Managing Treatment Services for Individuals with Co-Occurring Mental Health and Substance Use Disorders: Blue Prints for Action. Nueva York: Haworth Press, 2006.

HUESMANN, Rowell L. «The Impact of Electronic Media Violence: Scientific Theory and Research» [en línea]. 41, n.º 6 Supl 1 (12 de abril de 2013) <http://www.ncbi.nlm.nih.gov/pmc/articles/PMC2704015/>. [Consulta: 11 de octubre de 2023].

KUBLER-ROSS, Elisabeth. On Death and Dying: What the Dying Have to Teach Doctors, Nursers, Clergy and Their Own Families. Nueva York: Simon & Schuster Adult Publishing Group, 1997.

LAKOFF, George; ZOLTAN, Kovecses. «The Cognitive Model of Anger Inherentin American English» [en línea]. (2011). <https://georgelakoff.files.wordpress.com/2011/04/the-cognitive-model-of-anger-inherent-in-american-english-lakoff-andkovecses-1983.pdf>. [Consulta: 11 de octubre de 2023].

LINGFORD-HUGHES, Ann; DAVID, Nutt. «Neurobiology of Addiction and Implications for Treatment» [en línea]. The British Journal of Psychiatry (editorial) 182, n.º 2 (1 febrero de 2003). <http://bjp.rcpsych.org/content/182/2/97>. [Consulta: 11 de octubre de 2023].

MATÉ, Gabor. In the Realm of Hungry Ghosts: Close Encounters with Addiction. Berkeley, California: North Atlantic Books, 2011.

Nationmaster. «Japan Vs United States Crime Stats Compared» [en línea]. (2009). <http://www.nationmaster.com/country-info/compare/Japan/United-States/Crime>. [Consulta: 11 de octubre de 2023].

Zwaan, Rolf A. «Experiential Framework for Language Comprehension: The Immersed Experiencer: Toward An Embodied Theory of Language Comprehension» [en línea]. Learning and Motivation 44 (2003) <http://old.nbu.bg/cogs/events/2004/materials/Schmalhofer/Zwaan_2003_learning&motivation.PDF>. [Consulta: 11 de octubre de 2023].